ひろばブックス

保育者が知っておきたい

遠藤 登・著
（保育安全のかたち 代表）

0・1・2 歳児を守る

実践 保健マニュアル

メイト

はじめに

　本書は、多くの保育関係者にお読みいただいた『保育救命　保育者のための安心安全ガイド』の第二弾として、2018年4月から2019年3月までの保育雑誌『ひろば』の連載に加筆し、書籍化したものです。

　豊富なイラストとチャート図でわかりやすかったと好評だった前著の構成を引き継ぎながら、保育園や認定こども園にみる保健衛生・安全対策の「あるある」をマンガ化するなど、よりわかりやすく楽しく読める構成にしました。書籍化にあたって、乳児保育のよりどころとなる「保育所保育指針」と「保健衛生・安全対策にまつわるガイドライン」の読み取りポイントなどを加筆。さらに、組織的対応に必要な「保健衛生マニュアル」の重要項目についてもふれていますので、振り返りにお役立てください。

　前著の『保育救命』では乳幼児全般を対象とした保育事故の救急救命をテーマにしていましたが、本書では対象を0・1・2歳児にしぼっています。乳児保育では、子どもだけでは手洗いなどの衛生対策を充分おこなえないばかりか、災害や事故による危機を自ら回避できません。保育所の健康管理において、疾病・感染症対策やアレルギー疾患対応、災害および事故防止は、保育者にとって基本かつ最重要課題となります[※1]。

　また、乳児保育では、うつぶせ寝の放置による窒息事故の発生など保育者の業務上過失が原因となった重大事故が社会問題となっています。1998

年までは、0歳児の健康の保持と安全の確保を目的とした看護師の配置が義務づけられていました[※2]。0歳児の保育が一般化した現在は、義務こそないものの、看護師は、その専門性を期待され、積極的に保育現場に配置されています。このような背景から、0・1・2歳児の保健衛生は、子どもの健康増進だけではなく、園生活における子どもの生命保持や安全確保に向けた日々の取り組みも大切であることがわかります。

　カリキュラムにおける「子どもの保健」とはどういったものかについては数ある書籍にお任せするとして、本書は0・1・2歳児の生命の保持、安全の確保にフォーカスしています。保育歴や立場に関係なく、保育現場に関わるすべての人に知っておいてほしい、0・1・2歳児を守るための保健衛生の実践方法をお届けします。

遠藤 登
（保育安全のかたち 代表）

※1　保育所保育指針の「健康及び安全」の章（第三章）にも、疾病・感染症対策やアレルギー疾患対応、災害および事故防止について記載されている。
※2　乳児保育指定保育所制度（1977年）で、0歳児を9名以上保育する場合に看護婦または保健婦を一人配置することが義務づけられた。

CONTENTS

この本の使い方

本書の巻頭企画、1章から3章までの使い方や、園での活用イメージを解説していきます。

巻頭企画　　マンガでわかる!

0・1・2歳児を守る 保健 大切なポイント

0・1・2歳児ならではの保健衛生の特徴や、園の保健衛生で求められることなど、保育者・看護師など、園で働くすべての人が知っておくべき大切なポイントを紹介します。

- 0・1・2歳児のケガや事故の特徴は?
- 事故や集団感染を防ぐ方法は?
- 0・1・2歳児の保育と保健の重要性とは?

👆 **ここを目指す!**

0・1・2歳児の保育と保健の特徴を知り、保育者としてどのようなスキルや知識を身につければよいかを知る!

＼わかりやすい! 迷わない!／

保健衛生 マニュアルの作り方

保健衛生の園としての指針や、保健衛生の年間計画、ケガや病気の対処法をまとめることが大切。誰もがわかりやすいマニュアルを作り、園全体に浸透させましょう。

- STEP❶　保健情報および資料の収集
- STEP❷　保健計画の目標設定
- STEP❸　保健活動の内容決定
- STEP❹　関係機関との連絡・調整

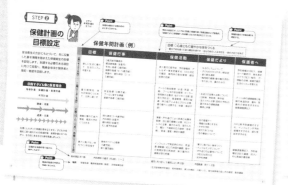

👆 **ここを目指す!**

保健衛生マニュアルを作り、園で働く職員全員で、保健衛生の対応を統一し、協力し合える体制を築く!

第1章　《緊急編》0・1・2歳児の四大要注意事故

第2章　《日常編》0・1・2歳児の毎日の保健衛生

0・1・2歳児の四大要注意事故である『食事中の誤えん（窒息事故）』『午睡中の事故』『アレルギー反応による事故』『水遊びの事故』や、日常で起こるケガや事故について紹介。どうして起こるのかを知るとともに、起こったときの対処法を知っておきましょう。災害の備えと危機管理についても取りあげます。

ここを目指す！

ケガや事故が起こる
メカニズムを
知ったうえで、
その対処法を
身につける！

マンガとイラストによるわかりやすい誌面が特徴です。

第3章　《予防編》0・1・2歳児の危険予測と職員連携

「園庭」「保育室」「プール」「散歩」「遠足」など、保育活動の一場面を切り取り、どんな危険があるのかを予測しましょう。

ここを目指す！

複数の保育者で集まり、
危険予測のトレーニング
をすることで、
保育現場にひそむ
危険性への感度を
高める！

⊕

1～3章で紹介する、【緊急編】【日常編】【予防編】の具体的なハウツーと知識で、保育者のレベルアップを図るとともに、保健衛生マニュアル作りや更新につとめましょう。保育者の教育と、マニュアルの見直しは、一度きりではなく、続けていくことも大事。常に継続することで、保育者の保健衛生の理解を深め、園で働く職員・保護者・医師などが強固に連携できる体制を築きましょう。

0・1・2 歳児を守る 保健 大切なポイント

若手保育者　A先生
保育者になって3年目。初めて乳児クラスの担任となり、ドキドキしている。

0・1・2歳児の保健衛生の特徴や、事故を起こさないための対策、保健衛生マニュアルの作り方など、大切なポイントを解説していきます。

今年から乳児クラスを担当するけど、今までと比べると、安全で、平穏な日々になるのかなあ

こんな感じかな……？

今まで

走らない～！

これから

りんごがひとつ……

ほの

ぼの

それは考えが甘いね！！

ええっ！！せんぱい、

確かに、乳児クラスは、活発に動くことによるケガは少ない。ただ別の原因で起こるケガや事故がたくさんあるのよ

保育者B先生

乳児クラスのケガや事故の特徴、教えてくださーい！

０・１・２歳児のケガや事故の特徴

① 午睡時の窒息事故 や突然死

午睡時間に発生する予期せぬ突然死（SIDSなど）や窒息事故の可能性がある。

② かみつき、 ひっかき等のケガ

子どもが社会性を育む中で、子ども同士による日常的なトラブルによりケガが起こる。

③ 個人差による ケガや事故

同じ歳児でも、発達・発育上の個人差が大きいため、それぞれの子どもに応じた保健衛生の配慮が必要。

④ 人的災害や自然災害の 自己回避能力が低い

災害に対して自ら身を守ることがむずかしい。避難の方法をあらかじめ考えておく必要がある。

⑤ 病気に感染しやすい

感染症にかかりやすく、重症化する危険が高い年齢。

乳児クラスで起こるケガや事故には、このような特徴があるのよ

重大事故につながりかねない、ケガや病気、トラブルがたくさんあるんですね

9

0·1·2 歳児の 事故や 集団感染 をどう防ぐ?

0・1・2歳児に起こりやすい事故や集団感染を、どのように防げばよいのか?
事故や感染症の特徴や、対処法について考えていきましょう。

0・1・2歳児のケガや事故を防ぐイメージ

① 午睡時の窒息事故や突然死

② かみつき、ひっかき等のケガ

③ 個人差によるケガや事故

④ 人的災害や自然災害の自己回避能力が低い

⑤ 病気に感染しやすい

→ 特徴を分析

情報を集めて
保健衛生の質を高める

保健情報を収集して「ガイドライン」などを参考に保健計画（→P.16）を立てて保育体制を整える。

↓ 保育活動へ

保健計画をもとに
保健活動を実施する

子ども一人ひとりの発達・発育をもとにした保健的環境や安全の確保に留意して保育する。

← 未然に防ぐ

0・1・2歳児一人ひとりに合わせて生活を援助できるように、計画的に予防策を実施することが大切なんですね

保育者が保健衛生の知識を身につけるとともに、保育者と看護師、調理師などとの連携も重要。ここに書いてあるから一緒に読み返しましょうね

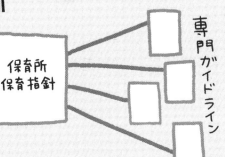

園に求められる保健衛生業務ついては、三法令の中でも「保育所保育指針」に、ガイドラインとリンクする形で枠組みが記されています。

次のページでは、園と保育者の役割を知り、保健衛生を園全体での取り組みにするために、「保育所保育指針」や「各種ガイドライン」について学んでいきましょう！

11

0・1・2 歳児の
保育と保健の重要性を知る

ここでは、保育所保育指針から0・1・2歳児の保育と保健の重要性を考えていきましょう。各種ガイドラインについても取りあげます。

保育所保育指針には、保育所の基本的な考え方や保育のねらいなどが書いてあるのよ。例えば、保育所の役割はこう記されているの

第1章 総則
1 保育所保育に関する基本原則
(1) 保育所の役割
　ア 保育所は、児童福祉法(昭和22年法律第164号)第39条の規定に基づき、保育を必要とする子どもの保育を行い、その健全な心身の発達を図ることを目的とする児童福祉施設であり、入所する子どもの最善の利益を考慮し、その福祉を積極的に増進することに最もふさわしい生活の場でなければならない。
※保育所の役割一部抜粋

子どもたちの健全な心身を発達させること、それが保育所の役割なんですね

この保育所保育指針は10年に1度くらいのペースで改定され、最近では2018年に改定されたのよ

「改定の方向性」
(1) 乳児・1歳以上3歳未満児の保育に関する記載の充実
(3) 子どもの育ちをめぐる環境の変化を踏まえた健康及び安全の記載の見直し

保育所保育指針の「改定の方向性」の5項目のうち2項目が保健に関する内容となる。

特に0・1・2歳児の保育が重要視され、保健における安全面の強化が保育現場に求められているんですね

さらに、より専門的な内容は、ガイドライン※として書かれているの

保育者
園長
看護師
調理師

すべてを読み込むのはむずかしいけれど、大事なのは各種専門性をもった職員が協力し合って、保育の安全を守りながら、保育の質を高めていくことなのよ

※国や自治体などが作成した、指針や基準、目安などを示したもの

12

保育指針とガイドライン

保育の質を向上させるために、大きく、保育の「内容」・「環境」・「人材」の3つの観点から、基準やガイドラインなどが定められています。保健衛生に関するガイドラインは、主に「環境」のカテゴリーの中にあります。

3つの観点の ガイドライン

内容

・保育所保育指針の告示

・教育保育情報の報告・公表

・自己評価ガイドライン

・第三者評価ガイドライン

など

保育の質を向上させるためのガイドラインってこんなにたくさんあるのね！

保育現場の保健衛生に関係する主なガイドラインは **この6つ**

環境

・設備運営に係る最低基準の制定（人員配置、面積）

・アレルギー対応ガイドライン

・血液感染防止ガイドライン

・事故防止及び事故発生対応ガイドライン

・JRC蘇生ガイドライン

・食事の提供ガイドライン

・感染症対策ガイドライン

など

人材

・保育士資格に係る基準の制定（指定保育士養成施設指定基準、保育士試験実施要領）

・キャリアアップ研修ガイドライン

・能力経験に応じた処遇改善

など

保育所保育指針やガイドラインをもとに、園のみんなが取り組める保育衛生マニュアルに落とし込む必要があるのよ

※ガイドラインの名称は一部省略しています

保育所保育指針とガイドラインについて✏️

園に求められる内容をまとめた保育所保育指針、専門的分野の情報まとめたガイドラインは、厚生労働省のホームページからダウンロードすることができます。または、ガイドライン名で検索してください。

厚生労働省のホームページのアドレス

https://www.mhlw.go.jp/stf/seisakunitsuite/bunya/kodomo/kodomo_kosodate/hoiku/index.html

わかりやすい! 迷わない!
保健衛生マニュアルの作り方

ケガや事故を未然に防いだり、適切に対処したりするには、
園ごとの保健の方針にのっとった保健衛生マニュアルを作り、
それを職員全体で徹底することが大切です。
ここでは作り方の一例を紹介します。

Point

右の項目は、保健衛生マニュアルの項目の一例です。それぞれの園の方針によって、項目や内容は変わります。

保健衛生マニュアルの項目

はじめに
1　年間保健計画
2　身体測定、各健診について
3　毎日の健康状態の観察について
4　疾病や事故の予防・対処
5　食物アレルギーの対応
6　障害の介助・療育について
7　園行事との関連について
8　保健に必要な園内研修について
9　家庭、地域社会との連携について
10　病欠児の管理について
11　保健教育・指導について
12　保健だよりについて
13　職員の健康管理について
14　殺菌消毒の管理・実施について
15　防災・減災計画
16　まとめ

対処方法

・保健衛生マニュアルをまとめる
・園の指針を職員全員で共有する

保育者、看護師、保護者がお互いに理解・協力し、連携しながら、保健に関わる体制を築く

STEP ❶

保健情報
および資料の収集

まず最初におこなってほしいのは、保健衛生マニュアルを作成するうえでの資料を集めること。「在園児の既往歴」「保健指導の実施状況」「地域の保健衛生情報」「過去の事故記録」「各種保健統計」など基本情報の更新は常時おこなっておきます。

同時に、安全衛生水準の向上を図るための基本的な考え方を示す、園としての「安全衛生の方針」をまとめてみましょう。方針をまとめることで「保健衛生マニュアル」の柱ができます。右記の手順で方針を固めていきます。

👆 **Point**

「安全衛生の方針」といえども、一切ケガをさせないなどといった一方的な保育にならないように「目指す子ども像」と「保育理念」とのバランスが大切です。

安全衛生の方針のまとめ方

❶ 園一体となって目指す子ども像とはどのような姿か明確に思い描く

❷ 保育理念をすべて書き出す

❸ 目指す子ども像に向けて、具体的にどのような保育者の関わり方が保育理念を果たすといえるのか考える

❹ 保護者にどのように振る舞うことが、保育理念にそった支援となるか考える

❺ 最後に、事故防止や衛生管理に関して遵守する規程等と、保育理念にそった行為とのバランスを考え方針をまとめる

例　　　　　　　　安全衛生の方針

目指す 子ども像	
保育理念	
子どもへの 支援	
保護者対応	
安全衛生の 方針	

STEP ❷

保健計画の目標設定

まずは年間計画を立てる!

Point
年間を4期または数か月のまとまりで分ける。

安全衛生の方針にもとづいて、先に収集した基本情報を踏まえた保健衛生の目標を設定します。到達する必要のある項目に向けて段取り、職員全体ほか関係者と周知・徹底を目指します。

目指す子ども像と保育理念

指導計画・保健計画・食育計画

年間計画

期案・月案

週案・日案

目標にしたがって保健計画を立てます。子どもが段階的に取り組むための指導計画、食育計画とのつながり、その先にある子ども像を意識しましょう。

Point
定期的な保健の取り組みは、欄外にも記す。

Point
職員の保健の内容は、別紙にまとめる。

保健年間計画（例）

	目標	保健行事
一期（4・5・6月）	新しい生活に慣れて、生活のリズムを整える	0歳児組保護者会 蟯虫卵検査（全園児） 手洗い指導（3歳児組） 歯磨き指導（4・5歳児組） 耳鼻科・眼科検診（3・4・5歳児組）
二期（7・8・9月）	夏の期間を、体力の保持につとめて、元気に過ごす	安全指導（4歳児組） プールに関する準備 歯磨き指導（3歳児組）
三期（10・11・12月）	薄着に慣れて体力増進。風邪の予防につとめる	視力測定（3・4歳児組） 内科検診（全園児） 歯科検診（全園児） むし歯予防指導
四期（1・2・3月）	寒さに負けない体力づくりを目指す	身体のつくりと健康（5歳児組） 新入園児健診

身体測定 月1回　　内科検診 0歳児（月2回）、1〜2

職員　保健指導、職員細菌検査（検便）、定期健康診断

Point

項目は自由だが、ここでは「目標」「保健行事」「保健活動および留意点」「保健だより」「保護者へのお願い」などの項目を立てている。

Point

保健計画の「年間目標」を明記する。

目標 ◎心身ともに健やかな体をつくる
・屋外で体を使って遊ぶ機会を増やす　・自分の体のしくみを知る　・命の大切さを学ぶ

保健活動	保健だより	保護者へ
新入園児の既存症、予防接種歴、アレルギー等を把握する、SIDS対応の確認、梅雨時の衛生管理、健診結果の把握	・生活のリズムについて ・子どものかかりやすい感染症 ・歯の衛生週間 ・梅雨時の健康（食中毒の予防） ・手の洗い方、鼻のかみ方	予防接種状況記入、健康カード確認印、身体測定のグラフ記入（毎月）、つめ・頭髪の点検、歯磨き確認、生活のリズムを整える
プールの衛生管理（水温・気温・水質）、プール中の安全管理、クーラー使用時の注意点、虫さされに注意（湿疹の予防法）、室温管理、換気の配慮、体力低下によるとびひに注意、夏の疲れに注意する（体重・食欲不振）	・水遊びの効果と注意について ・日射病、熱射病、熱中症 ・虫さされに注意（湿疹の予防法） ・夏の休みの健康調査 ・睡眠と栄養	プール時の健康観察と毎朝の体温測定、眼科・耳鼻科の受診をすすめる、健康調査票記入
薄着・戸外遊びにより皮膚と粘膜を鍛錬、目と歯の健康に注意、RSウイルスに注意、鼻のかみ方、咳のしかた、嘔吐・下痢時対応の説明（各年齢）、室温・湿度・換気の調節	・目の愛護デー ・薄着の効果とすすめ ・かぜの予防 ・抵抗力をつける ・冬の事故について	MR2期予防接種のすすめ、インフルエンザ予防接種をすすめる、歯科受診をすすめる
インフルエンザ発症時の対応、気温差・運動量に応じて衣服の調節、個々の発育状態の再確認、新入園児の健康状態の把握	・寒さに負けない身体づくり ・インフルエンザについて ・戸外遊びの必要性について ・3月3日は耳の日 ・就学前準備	健康調査票記入、予防接種状況記入調査、坑けいれん剤指示書依頼

歳児（月1回）、3歳児以上（年2回）　　　布団乾燥　月1～2回

（生活習慣病予防検診、若年層検診、婦人科検診、人間ドック）、衛生器具等の扱い方の確認、救命講習

STEP ③

保健活動の内容の決定

保健衛生マニュアルの項目(→P.14)を定めて、各項目の内容をまとめていきます。文章・表・チャート式など、各項目がわかりやすくなるように工夫していきましょう。マニュアルであっても一度作って終わりではなく、改善を重ねていくもの。そのため保健情報・資料はどうしても増えてしまいます。項目別に整理をしながら必要な情報にたどり着きやすいよう、基本情報を簡潔にまとめたものも作りましょう。

 ## 文章や表形式で作る

保健情報の内容によっては、文章だけではわかりにくいものもあります。表などにまとめて情報と情報の関連性を整理して、見やすく把握しやすい構成にしましょう。

ひきつけ・熱性けいれん

種類	症状	手当て
ひきつけ	・眼球があがり、歯を食いしばり、体が硬くなる。 ・顔面蒼白、または紫色になる。 ・意識を消失する。	・衣服をゆるめ静かに寝かせる。 ・ひきつけの様子をよく観察する。 ・身体を揺すったり大声で呼んだりしない。 ・顔を横に向け、誤飲に注意する。 ・時間を計り、発作が長く続くときは(5分以上)救急車を呼ぶ。
熱性けいれん	・熱性けいれんは、体温の上昇をともなう。 ・上肢と下肢のガクガクとしたけいれん。 ・眼球が上転または一点に静止。	

例2 チャート式で作る

病気やケガをした子どもの状況によって、対応が変わるものについては、次のようなチャート式にすると、流れがわかりやすくなります。

転倒・転落
転倒または転倒らしき子どもを発見

評価 呼吸・循環・意識の状態

判断 呼びかけへの反応の確認

反応がない・おかしい
（ふだん通りの反応がない）

反応がふだん通りで問題ない

判断 体が動くか？（頭を打った可能性）

動かない

動く

痛みがあり、大きなケガの可能性がある

判断 体にふれて痛みがないか確認

痛みがそれほどなく、大きなケガをしていない

すぐに救急車を呼ぶ
※保護者に連絡

症状に応じて病院で受診
○○医院 ○○先生 00−0000−0000
※強く頭を打った場合は、小さなケガでも脳外科を受診

STEP ④

関係機関との連絡・調整

定期健診の予定や緊急時の受診病院との連携など、関係機関と連絡・調整をしながら、保健衛生マニュアルの中に各所の連絡先や具体的な予定などを落とし込んでいきましょう。

医師 連携 行政 保育園

まとめ

保健業務は、配置されている場合は看護師が中心となって、すべての職員が一緒に取り組み、保育の質を高めていくとが大切です。組織的に取り組むためにも保健衛生マニュアルの作成・改善につとめ、全員に浸透させましょう。

「保育報告書」の 過去に起こった事故から 防止策を考える!

保育事業者は治療に要する期間が 30 日以上の負傷や疾病をともなうすべての事故(意識不明の事故は発生時点)について自治体に届け出る義務があります。事故報告は内閣府が年度ごとに集計した「特定教育・保育施設等における事故情報データベース」(https://www8.cao.go.jp/shoushi/shinseido/outline/index.html#shuukei)にまとめています。また、自治体が事故検証を実施し、検証報告書を公開するケースも増えてきました。様々な保育事故を取りあげているホームページもあります。

どうすれば防げたのか考えよう!

0・1・2歳児の注目の事故事例

事例1

3か月男児のうつぶせ寝による死亡事故

生後3か月の男児が、11時ごろに初登園した。ベビーベッドに寝かせたが泣いていた。うつぶせ寝になるたびに、保育者が仰向けに戻し、最後に戻したのは12時5分。その後、12時14分に、うつぶせ寝で心肺停止状態で発見される。応急処置を施し、市内の医療機関に搬送されたが、翌日に死亡が確認された。

事例2

1歳8か月の女児のやけど事故

保育者Aは保育室内に入れた給食の配膳車を、床のマットを避けるために後ろ向きで操作していた。近づいてきた女児Eと男児Fにはなれるように伝え、再び後ろ向きに。だが、Eはまだ車のそばにおり、はずみで落下した鍋の熱いスープを浴びてしまう。誰もEに気づかず。Eはすぐ病院に搬送されたが、上半身にやけどを負った。

事例3

2歳女児の誤えんによる死亡事故

2歳女児が、おやつで出されたフルーツポンチに入っていた白玉団子をのどに詰まらせた。保育者が、上半身を下に向け背中を強くたたく。園長はすぐに救急搬送を依頼。到着した救急隊員が心肺停止を確認して胸骨圧迫を開始し、やがて白玉団子を除去。病院に搬送し、集中治療室(ICU)に入るが、意識を回復することなく約1か月後に死亡する。

重大事故から防止策を考えよう!

上記は、保育現場で実際に起こった事例です。これらから、どうすれば事故を防ぐことができたのかを考えてみましょう。その貴重な教訓を、自分のクラスや園に生かして、事故を起こさない対策を立てていきましょう。下記のサイトでは、ほかの事例も見ることができます。

【保育事故を知るためのホームページ】
保育施設で起きた重大事故調査および再発防止策に関する検証報告書https://child-care.ne.jp/2014/12/27/accidentreport.html

第1章

0・1・2歳児の 四大要注意事故

0・1・2歳児の死亡事故がもっとも多い四大要注意事故の特徴と、
その具体的な対応法について紹介します。さらに、地震、火災、水害などが起こったときの
災害の備えと危機管理についても取りあげます。いざというときの保育者の的確な対応が、
子どもたちの命を守ることにつながります。

食事中の誤えんの対応

死亡事故につながりやすい0・1・2歳児の窒息

園での0・1・2歳児の事故で、もっとも死亡につながりやすいものの一つが、
食事中の誤えんなどが原因で起こる窒息です。だからこそ、窒息が起こるしくみや、
事故を防ぐ対策、起こったときの対処法をしっかりと知っておき、
いざというときに即行動に移せるようにしておくことが大切です。

ドキッ!
こんなときどうする？

えん下機能を知ろう！

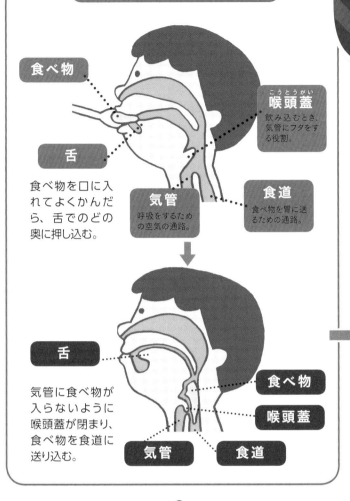

食べ物

舌

食べ物を口に入れてよくかんだら、舌でのどの奥に押し込む。

こうとうがい 喉頭蓋
飲み込むとき、気管にフタをする役割。

気管
呼吸をするための空気の通路。

食道
食べ物を胃に送るための通路。

舌

気管に食べ物が入らないように喉頭蓋が閉まり、食べ物を食道に送り込む。

食べ物

喉頭蓋

気管　**食道**

　0・1・2歳児は、食べ物を飲み込んで胃袋に送るしくみ（えん下機能）が、まだ充分に備わっていないことがあります。そのため、食べ物がのどに当たっただけでえづいたり、食べ物がうまく飲み込めずにのどや気管につまりやすくなります。子どもが食事中にせき込むなど、「不完全気道閉塞」による軽い窒息は、保育現場でもよく発生しています。

このしくみが
うまくいかないと
誤えんが発生！

0・1・2歳児は、えん下機能が未発達のため、誤えんが起こりやすい。
飲み込んだとき、喉頭蓋がうまく閉まらず、食べ物が気管につまる。

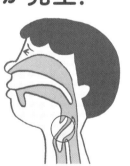

3.9 cm以下のものは
窒息の危険あり!?

0・1・2歳児の場合、食べ物だけでなく、木製のおもちゃなどがのどをふさいで窒息することもあります。直径3.9cm以下のものは、口に入る危険があることを知っておきましょう。

3.9 cm

0・1・2歳児が飲み込む可能性のあるサイズです。チェッカーとしてご使用ください。

水分をこまめにとり、少量ずつ食べさせたりする配慮も必要なのよ

窒息を起こしかけていたのね！　苦手な食べ物だから飲み込めないわけじゃなかったんだ！

のど詰まりの対処法

気道に異物が詰まって取れないときは、次の2つの対処法を5回ずつくり返しおこないましょう。0歳児と1・2歳児とでは、やり方が異なります。

食事中

子どもが食べ物を飲み込めずえづく（オエッと吐きそうな状態）。

→

対処 **強いせきを出させる**

危険なので絶対に指は入れず、自力で吐き出させる。

呼吸がしずらそうに苦しむ

背部叩打法＆腹部（胸部）突きあげ法

せきがでない、ふだん通りの呼吸ができずにチアノーゼが見られるときは、背部叩打法と腹部(胸部)突きあげ法をおこないます。

0歳児の場合

背部叩打法

1 椅子に座って、手で首・頭を固定しながら、両ふとももの上にうつぶせに置く。

2 頭を低くして、背中を強く5回たたく。

↕ **くり返す**

胸部突きあげ法

1 両ふとももの上に、子どもを落とさないように抱きかかえながら、すばやくあお向けにして、頭を低くする。

2 もう片方の手の指2本で、胸の真ん中を強く5回押す。

1・2歳児の場合

背部叩打法

1 子どもを抱えて、片ひざ立ちになり、ふとももの上で子どもの前胸部を支える。

2 子どもの頭を前方にさげて、背中の肩甲骨の間を手首で強く5回たたく。

↕ **くり返す**

腹部突きあげ法

1 子どもの脇の下から手を入れて、後ろから抱える。

2 子どものおへその上で手をかさねて、一気に手前上側に強く5回突きあげる。

ポケットマスクを使おう！

人工呼吸をする際には、ポケットマスク（感染防護具）の使用がおすすめです。汚物などで口が汚れていた際の感染防止対策になります。→P.44

対処 ぐったりとして反応がなくなったら、AEDを手配しつつ、心肺蘇生を始める →P.35

失神で、詰まり具合がゆるんで人工呼吸が有効なので、救急隊に引き渡すまでおこなう。

←

同時にまわりの安全確保。異物が取れないと判断されたら

続けながら救急車を呼ぶ

※保護者にも連絡

0歳児はミルクの吐き戻しに気をつけよう!

0歳児の不慮の事故で、もっとも多いのが窒息。飲んだミルクが胃袋から逆流する「吐き戻し」で、ミルクが気管に入って呼吸ができなくなり窒息することがあります。万が一、窒息を発見した際には、迅速に救急車を呼び心肺蘇生を施しましょう。

ミルクの「吐き戻し」を避けるために

斜めに抱きながらミルクをあげる

寝たままではなく、斜めに抱きながら、ミルクをあげる。

ゲップをさせてから寝かしつける

背中をやさしくトントンして、ゲップをしっかりさせてから寝かしつける。

寝ているときもこまめにチェック

入眠したあとも、こまめにチェックをする。

まとめ

窒息事故を未然に防ごう!

窒息は、死亡といった深刻な事態につながりやすく、事故を起こさないために、食材や食事の提供の仕方を工夫したり、人員を増やしたり、しっかりとした見守り体制を確保しましょう。技能講習を受講することで、事故が起きにくいしくみをつくることが求められます。

食材だけでなく、窒息事故につながるものはたくさんあります。危険なものは手の届かない場所に移動するなどして、予防しましょう。

過去の事例から学ぼう

近年に起こった0〜2歳児の窒息による死亡事故には、以下のようなものがあります。過去の事例を参考に、どのような事故が起こりうるのかを想定して予防策を立てましょう。

場所	年齢	原因
保育室	1歳児	おやつのリンゴ
保育室	0歳児	うつぶせ寝
保育室	1歳児	おやつのカステラ
保育室	0歳児	ミルクの逆流による誤えん
保育室	2歳児	おやつの白玉団子
園庭	1歳児	園栽培のミニトマト

出典:保育安全のかたち調べ

午睡中の事故の対応

窒息事故や突然死の事例から、万全の対策を整える

0・1・2歳児に特に多いのが午睡中の事故です。うつぶせ寝による窒息死や、「乳幼児突然死症候群（SIDS）」などの突然死が起こるしくみを、まずはしっかりと理解しましょう。そして、午睡の環境を整え、万全のチェック体制のもとで、0・1・2歳児の午睡中の事故を防ぎましょう。

ドキッ！
こんなときどうする？

26

まず押さえよう！

午睡の事故を引き起こす 三大要因はコレ！

次の3つの状況は、SIDS（乳幼児突然死症候群）や窒息を引き起こす危険性が高くなります。しっかりと把握しましょう。

健康観察を怠る

体温・食欲・機嫌だけでなく、クラスでの感染症の蔓延具合なども含めて、子どもの体調に配慮しましょう。

過度に温める

布団をかけすぎたり、換気をしなかったりすることで体温があがり、子どもが呼吸障害を引き起こす可能性があります。

うつぶせ寝を放置

顔が布団に沈むなどして口や鼻がふさがることで、呼吸ができなくなり、窒息する恐れがあります。

3つの視点で午睡をチェックしよう！

異常を早期発見するために、0歳児は5分に一度、1・2歳児は10分に一度はチェックしましょう。また、チェックの際には、個別に観察することが大切です。

顔色をチェック

窒息で青くなっていないか、体温があがりすぎて赤くなっていないか、などを確認しましょう。

呼吸をチェック

子どもの胸とおなかに手を置きながら、呼吸による体の動きがあることを確認しましょう。

姿勢をチェック

横や斜めになって寝ているときも、寝返りでうつぶせ寝になる可能性があるので注意しましょう。

SIDSや窒息の対応

子どもの緊急事態に気づいたら、迅速な対応が必要です。

1 うつぶせ寝の子どもをあお向けに返すときに、グッタリしていたり、顔色が悪い。

反応がなく、呼吸が弱い（または、呼吸していない）

2 別の保育者に指示をして、救急車を呼ぶ。

3 気道を確保して、心肺蘇生（人工呼吸と心臓マッサージ）をしながら、救急車の到着を待つ。

反応があり、呼吸がある

引き続き呼吸や体調などの様子を見る。

予防のために

午睡の環境を整える

子どもの突然死や窒息を防ぐために、午睡の環境を整えましょう。

全員の異常がないことを確認！タイマーの再スタートもOK！

チェックのための人員を配置

「形だけ」や「ながら」のチェックは禁物です。子どもの観察に専念する保育者を決め、一人ひとりをていねいに見ていくことを徹底しましょう。

抱き枕や寝返り防止グッズを置かない

窒息の原因となる、タオル・抱き枕・ぬいぐるみ・寝返り防止グッズを顔のまわりに置かないようにしましょう。着衣の乱れにも注意。

換気をこまめにする

室内の気温や湿度を確認し、調節をおこないます。寒い季節でも、適度な空気の入れ替えは必要です。

保育室の明るさに注意する

部屋が真っ暗になるようなカーテンではなく、薄手のものを使用しましょう。子どもの顔色が判別できる明るさにすることが大切です。

やわらかすぎる寝具を使わない

やわらかすぎる寝具やタオルケットは、顔がうまって窒息の危険があるため、使用しないようにしましょう。

寝られるタイミングを待ち、入眠させる

機嫌の悪い子や、ぐずっている子は、気持ちを落ち着かせてから布団に入るようにし、無理に寝かせなくてもよいように配慮しましょう。

家庭と連携しながら対策を!

家でどんな寝方をしているか、家族に喫煙をする人がいるかなどの情報を事前に聞き取りましょう。うつぶせで寝る習慣があれば、あお向けで寝る練習をしてもらうなど、家庭との連携を図りましょう。

うちの子は、すぐにうつぶせ寝になっちゃうんです

気をつけて見ていきますね。家でも、あお向けで寝る練習をしてみてください

園でタバコのにおいを漂わせない

保育者の服などについたタバコのにおいを子どもが間接的にかぐことで、SIDSが発生する確率があがるといわれています。出勤日は、喫煙を控えましょう。

園では吸っていないはずなのに……

知識をプラス

SIDS（乳幼児突然死症候群）を知っておこう!

SIDSは原因不明

子どもが眠っているときに起こる原因不明の突然死は、年間約100件起こっています。SIDSは0歳児に発症しますが、午睡中の予期せぬ突然死は1・2歳児でも発生しているため、SIDSと同様に注意が必要です。

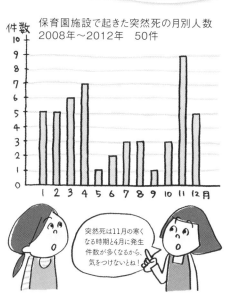

保育園施設で起きた突然死の月別人数
2008年〜2012年　50件

件数

突然死は11月の寒くなる時期と4月に発生件数が多くなるから、気をつけないとね!

出典:日本小児科学会雑誌 2014 第11号、小保内俊雅ほか

保育所の死亡事故は、0・1・2歳児の午睡中が約9割!

厚生労働省の事故報告集計によると、保育所で起こる死亡事故の約90%は3歳未満で発生しています。しかも、そのうちの約85%が午睡中に起こっているのです。このことからも、0・1・2歳児の午睡中の対策は、園が最優先で取り組む必要があることがわかります。

まとめ

徹底した園の安全対策を講じる!

突然死や窒息事故は、見つかったときには手遅れであることが少なくありません。保健計画をもとに園全体でしっかりとした基準をもち、午睡環境の整備や午睡のチェック体制の徹底を図りましょう。「午睡中の死亡事故を絶対に起こさない」という心構えのもとで、こまめな午睡チェックと、発見後の迅速な対応が求められます。

5分おきにチェック!

換気よし!

気温・湿度よし!

アレルギー反応の対応

万全の対策を練り、いざ起こったときの対処法を徹底！

近年、年齢を問わず発症する食物アレルギーですが、0・1・2歳児は特に起こりやすいので注意が必要です。2018年に改訂された保育所保育指針でも、「食育の環境の整備」を園に求め、アレルギー反応の対策が必要とされています。アレルギー反応のしくみを知り、対処法も身につけましょう。

ドキッ！

こんなときどうする？

食物アレルギーのしくみ

アレルギー反応とは、本来であれば無害な食べ物や薬品・カビ・ほこり・虫さされなどに対して起こる、過剰な免疫(生体防御)反応のことです。

1回目
食物に含まれるアレルゲン(原因物質)を取り込むと、それにぴったりの抗体を作って排除するための準備をする。

アレルゲン　　　抗体

2回目以降
誤って抗体ができた特定の食べ物を食べたときに、体を守ろうと過剰に免疫作用が発生する。

アレルギー反応
皮膚や呼吸器・粘膜などに様々な症状を引き起こす。

どんな症状が出るの?

アレルギーが発症すると、下記のような症状が出ます。複数の症状が同時に出ることもあります。また、ショック症状に陥るアナフィラキシーショックの発生率は全体の1割ほどです。

主なアレルギーの症状

症状	割合
皮膚症状	92%
呼吸症状	33.6%
粘膜症状	28%
消化器症状	18.6%
ショック症状	10.4%

出典:厚生労働科学研究班による
「食物アレルギーの診療の手引き2017」より

それ以外

- 延長保育のおやつで小麦・牛乳除去の子どもに、ビスケットや牛乳を配ってしまった。
- 遠足中、大豆除去の子どもが、ほかの子どもが持ってきた大豆を使ったおかしと交換して食べそうになった。
- 行事で作ったスイートポテトを、卵除去の子どもが食べそうになった。

給食

- 隣の子どもが落としたものを拾って食べようとした。
- 原材料に記載されていないアレルゲンが食品に入っていた。
- 違う種類の除去食のトレーを取り違えて出してしまった。

食物アレルギー

ヒヤリハット集!

保育園では、様々な食物アレルギーのヒヤリハットが起こっています。よくあるものを集めました。

遠足や行事などでも、ヒヤリハットが発生しているのね

食物アレルギーの対策

アレルギー症状が発生する事故を起こさないために、保育者としてできる様々な対策を紹介します。

献立メニューをチェックする

献立を事前にチェックするとともに、誤食事故が発生したときの危険度を予測し、少しでも気になることは調理師に相談しましょう。

今月のおやつにホットケーキがあるので、○○ちゃんの卵アレルギーが心配なんです

○○ちゃんには卵を使わずに作るからだいじょうぶよ

時間のゆとりをもつ

どんな対策を打っても、時間のゆとりがないと、どこかでミスが生じてしまいます。ゆとりをもった保育を目指しましょう。

12時ころに給食を食べ、13時ころに積み木で遊んでいたとき、顔に湿疹が出てきましたその後……

牛乳アレルギーがあるから、牛乳パックにふれて反応しちゃったのね

まず、しっかり手を洗ってあげて。牛乳パックの扱いも見直しましょうね

生活・遊び・行事の中での配慮

アレルゲンにふれるだけでは重症化は少ないものの、ふれた手からアレルゲンが口に入ることも。まずは、手洗いなどは慌てず迅速に対処し、使用する用具などを見直しましょう。

時間・状況・症状を記録する

園でアレルギー症状が発症した中で4割が初発といわれています。その場でアレルギー反応だとわからなくても、時間や状況・症状を記録する習慣をつけましょう。医師に説明することで、治療や診断に役立ちます。

年齢が低いほどアレルギーが多い

乳幼児の食物アレルギーの有病率は、下記のグラフのように成長とともにさがり、有病率が最大の1歳は100人に9人がアレルギーをもつという結果が出ています。

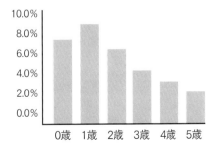

出典：平成21年日本保育園保健協議会「保育所における食物アレルギーに関する全国調査」（953保育所、園児105,853人を対象に調査）

確認し合うしくみをつくる

目視や口頭で確認することを努力目標にするのではなく、互いに確認しあわなければ先に進まないしくみをつくり、誤配を防ぎましょう。

○○くんの小麦全除去の食事です。麺が米粉麺です

○○くんの小麦完全除去の食事ですね。麺が米粉麺なのを確認しました

食物アレルギーが起こったら!

食物アレルギーが発生したら、下記のチャートの手順で対応していきましょう。たとえ軽症でも経過を観察し、容態が悪化したらすぐに救急車を呼びます。

食物アレルギー発生

保護者から聞いてない症状が出た（初発）

皮膚が少し赤らむ程度で、心配なければ様子を見る。

呼吸が苦しそう、嘔吐や腹痛をともなう、意識がもうろうとするなど、重度の症状が出る。

容態が悪化

※ エピペンをあずかっていれば、迷わず打つ。

保護者から聞いている症状が出た

中度、重度のアナフィラキシー

保護者からあずかっているエピペン（アドレナリンの注射）を打ち、一時的に症状を緩和させる。すぐに救急車を呼ぶ。

軽度のアレルギー反応

処方薬をあずかっている場合は投与（塗布）する。

容態が悪化

119番で救急車を呼ぶ

まとめ

園内での連携が大切!

食物アレルギーを起こさないためには、保育者や調理師、該当クラス以外の職員も含めてしっかりと情報共有し、誤食を起こさないしくみをつくることが大切。また、初発など避けられないケースもあるため、食物アレルギーが起こったときの対処も徹底しておきましょう。

担任

その他の職員　　調理師

どんなときでも事故が起こる可能性はあります。担任だけが理解しているのではなく「みんなで安全に見る」という視点をもちながら三者間の連携を深め、誰がおこなっても間違いのないようなしくみを目指しましょう。

保護者から情報を聞き出す

保護者と日ごろから連携し、子どものアレルギーの状況を聞きとります。すでに診断がついている場合は、保護者に代わって医師の指示通りに対応できるように細かに確認しましょう。

うちの子、このあいだご飯を食べたら、顔が赤くなってしまって。もしかしたら、かけていたゴマのせいかも……

園でもゴマには注意して様子を記録しておきますね。専門医への相談も考えてみませんか

水遊びの事故の対応

死亡事故につながる水遊び中の事故を予防しよう!

　0・1・2歳児は、水深が数cmしかないような場所でも溺れることがあるため、水がある場所は特に注意が必要です。また、体温調節がうまくできないため、水に入ったことで起こる低体温症にも用心する必要があります。予防法を知るとともに、起こったときの対応も知っておきましょう。

こんなときどうする?

溺水はなぜ起こる？

0歳児と1・2歳児で、それぞれ起こりやすい溺水のケースを紹介します。万が一、起ってしまったときの対処法も身につけましょう。

0歳児のケース

のぞき込んで頭から落ちる！

つかまり立ちやつたい歩きで、玩具が浮かんだたらいなどをのぞき込み、頭から水の中に落ちて溺れてしまう。

パニックで硬直が起きる。回避行動をとることなく窒息して溺れてしまう。

1・2歳児のケース

水深が浅くても溺れる！

水のある場所で転ぶと、反射的に上半身をのけぞってしまう。開いた口に水が勢いよく流れこみ、三半規管に異常をきたして方向感覚を失ったり、のどがけいれんを起こす。最悪のケースは、呼吸が止まって意識を失い、溺れてしまう。

1 足をとられやすい水の中では、子どもは頭が重いため、うつぶせで水に倒れ込むことが多い。

2 パニックで筋肉が緊張し、反射的に身体を反らせ、口から大量の水を飲んでしまう。

3 のどがけいれんして窒息や硬直が起こり、意識を失ってそのまま溺水してしまう。

溺水の対処法

子どもが溺れたらプール内全体の安全確保をおこなうのとともに、すぐに抱えあげてプールの外に出す。反応があれば、毛布などでくるんで保温する（対処法はP.36へ）。反応がない場合はすぐに119番通報。呼吸をしていないときは、準備ができ次第、「心肺蘇生」を早々に開始する。

Point
無理に水を吐かせない！

背中をたたいて揺り起こそうとしたり、おなかや胸を押すなどして無理に水を吐かせない。自ら水を吐けるようなら、詰まらせないように注意しながら吐きやすい姿勢をとらせましょう。

心肺蘇生

窒息の状態におちいったときは、胸骨圧迫と「人工呼吸」を交互におこなっていきます。

AEDを準備！
心肺蘇生を始めたら、同時にほかの職員にAEDを準備してもらう。AEDの設置場所や使い方もあらかじめ確認しよう。→P.44

胸骨圧迫 30 回

①平らな場所に上向きに寝かせる。重ねた手のつけ根を、胸の中心にあてる。
②1秒に2回くらいのテンポで胸の中心を強く30回押す。0歳児は、胸の真ん中より少し下を、指2本で押す。

くり返す

人工呼吸 2 回

1歳児以上は指2本、0歳児は指1本で下あごをやさしく引きあげる

①気道を確保する。
②1歳児以上は鼻をつまみ、息を2回吹き込む（1回につき約1秒）。0歳児は大人の口で鼻と口をおおって、胸があがるのが見てとれる程度にやさしく息を吹き込む。

低体温症に要注意!

子どもは体温調節がうまくできないため、水の中や寒い場所などで、体温がさがりすぎて低体温症になることがあります。常に、子どもの様子を観察しておくことが大切です。

低体温の状況をチェック!

- □顔や唇・手が紫色（チアノーゼ）
- □ふるえがとまらない
- □意識がもうろうとしている
- □呼吸障害が起きている

あてはまらない →

一つでもあてはまる ↓

119番通報して、口頭指導を
受ける。保護者にも連絡する

低体温症の対処

水遊びなどで子どもが低体温になったときは、全身をよくふいてから、体を温めることが大切。

1 水気をよくふき取る

髪の毛から指先まで、かわいたタオルで水気をよく取り、新しい服に着替えさせる。

2 体を温める

頭から首にバスタオルや毛布をかぶせて温める。

感染症にも気をつけよう!

水遊びをする際には、夏の感染症にも注意。右の3つの感染症は、いずれも、くしゃみなどの「飛沫感染」やふれることによる「接触感染」でうつる可能性があります。

夏の時期、こんなに流行しているのね……。私のクラスでも気をつけないと!

手足口病

手のひら・足の裏・甲・口の中などに水疱ができる。

ヘルパンギーナ

39℃前後の熱が出て、のどが赤くはれて小さな水疱がたくさんできる。

咽頭結膜熱（プール熱）

のどの痛みや目の充血などをともない、39℃前後の熱が出る。

予防のために

- ・日ごろから手洗いやうがいを習慣づけ、プール後はシャワーできれいに洗う。
- ・プールのあと、体をふくタオルは共用しないことを徹底する。
- ・子どもにふれた保育者の手から感染しないよう、保育者自身の清潔も心がける。

水遊びの事故を予防しよう！

溺水や低体温症など、水遊びの事故を起こさないためには、園全体で連携しながら、次のような予防体制を築いていくことが必要です。

10分おきに休息をとる

水遊びのときは、子どもたちの体調管理をし、10分おきに休息を。プールで熱中症になることもあるので、水分補給も欠かさずに。

はいどうぞ

活動時、携帯電話をそばに置く

緊急時すぐに救急車を呼べるように、携帯電話をそばに準備しましょう。

監視役をプラス一人

水遊びは危険が多く、何かと手がかかります。通常の保育にプラスして、監視役を一人配置しましょう。

子どもの体調をチェック

体温・寝不足・疲労・食欲・便の状態などから、子どもたち一人ひとりの体調をチェックし、体調が優れないときは水遊びをさせない決断も必要。

微熱があるから今日はプールはやめておこう

水深や水温に気をつける

水深は子どものくるぶしがつかる程度からひざ下が目安ですが、深さに関係なく溺水は起こります。絶対に安心という基準はないので、準備を怠らないこと。水温は園の基準に従って管理しましょう。

まとめ

見守りだけでなく、監視する！

通常の保育の中の見守りとは異なり、一歩間違えば大きな事故につながる水遊びは、しっかりと監視することが大事です。ここでの監視とは、「溺れたり、大きなケガをしたりする行動を見逃さない」ということ。近くにいても気づかないほど、静かに溺れるケースもあるので、いち早く異変に気づき迅速に対処することが大事です。

「万全の準備」と「心のゆとり」が大切

水遊びの際に事故が起こるのは、多くの場合「準備不足」と「心のゆとりのなさ」が原因です。職員が足りない、水遊びの前の活動が延びてしまったなど、人員や時間に余裕がないときは、無理に実施しないことも大切です。また、水遊びをおこなう職員体制に「慣れ」が生じてきたときこそ、大事なことが抜け落ち、重大事故につながりかねません。日ごろから職員同士が声をかけあいながら、「心のゆとり」をもってのぞみましょう。

次、〇〇ちゃんシャワーに向かいます。残りあと3人です

わかりました。△△先生は最後まで子どもたちを見ていてくださいね

体調はだいじょうぶかな？

転んだり、異変はないかな？

死角に隠れていないかな？

災害の備えと危機管理

災害に備えた訓練や備蓄などの実践が大切!

0・1・2歳児は、すばやく思い通りに移動することがまだむずかしい年齢です。
だからこそ災害時を想定した、保育者の準備や訓練が大切です。いざというときに、
訓練にもとづいた保育者の適切な判断と行動が、子どもたちの命を守ることにつながります。
また、災害に備えた備蓄もとても重要です。

ドキッ!
こんなときどうする?

38

地震が起きたら どうする?

地震発生!

まずは保育室で地震が起きたとき、どのような対処をすればよいかを見ていきましょう。

❶ まず、状況の把握

大きな揺れが起こっているときは、保育者も動くことができません。まわりの安定したものにつかまって、自分の安全を確保しながら、「子どもたちに危険がおよんでいないか」「保育室の中に危険な場所はないか」などの情報の収集をおこないます。

❷ 子どもの安全確保

地震が収まったら、まずは子どもたちを安全な場所に集めましょう（建物中央部、柱がある場所など）。棚が倒れそうだったり、窓ガラスや蛍光灯が割れて破片が飛び散っていたりする可能性がある危険な場所から、子どもたちを遠ざけましょう。

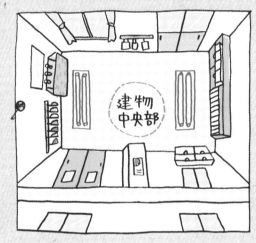

建物中央部

❸ 避難するかどうかを判断

園の建物は、耐震設計がしっかりしている場合が多いため、外に避難するよりも建物の中にいた方が安全なケースがよくあります。建物の損傷、ほかの災害などの情報から、事務室と連携して避難するかどうか判断しましょう。

事務室からの情報

火事は起こってないか?

園庭

玄関

避難経路確認チェック!

Point

\保育者の足のケガに注意/

地震のあとは、ガラスの破片などが地面に落ちる可能性があるため、はだしで移動するのはとても危険です。保育者自身がケガで動けなくなると、子どもたちを安全な場所に誘導できなくなってしまいます。室内のすぐに手の届くところに、保育者自身の靴を用意しておきましょう。

保育者の靴

予防
地震に強い環境をつくろう!

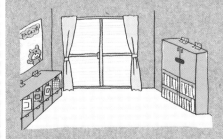

ガラスの飛散防止シートを窓ガラスに貼ったり、棚を耐震の金具で固定したりして、地震に強い環境をつくりましょう。ただし、そうした耐震補強はあくまで倒壊を遅らせる程度の役割です。災害のあとは、補強を施した場所にはなるべく近寄らないようにしましょう。

保育の活動内容や時間帯で対応が変わる!

災害は、保育中のどんな時間に起こるかわかりません。状況に応じた適切な対応で、子どもたちの安全を確保しましょう。

午睡中

揺れが収まったら、棚の近くなど危険な場所にいる子どもから安全な場所に移動させます。寝起きで子どもの動きがふだん以上に緩慢になるので、子どもの安全確保を優先しましょう。

食事中

とがったフォークや食器が散乱したり、配膳ワゴンが動き出したりすると危険です。食具や食器を子どもから遠ざけたり、ワゴンを固定するなどの対策が必要です。誤えんを防ぐために、子どもの口の中に食べ物が残っていないかもチェックしましょう。

散歩中

落下する危険のあるものを避け、すみやかに安全な場所に避難します。その後、園と連絡をとり対策を検討します。連絡手段は災害用伝言ダイヤルやSNSの活用など、複数もっておくようにしましょう。

時間外保育中

日中のクラス保育とは異なる人員・環境の中で、時間外の職員を含めた全員でどのような対応をするか、日ごろからしっかり連携しておく必要があります。

様々なケースを想定した対策を考えよう!

災害はいつ起こるかわからず、たくさんの想定外の出来事が発生します。園長がいないときの指揮系統や、栄養士がいないときの食事の提供、地域の人に助けを求められたらどうするかなど、様々なケースを想定しておくことが大切です。いざとなれば、現場の保育者の臨機応変な対応が求められるため、一人ひとりが災害に備えた学習や準備をしておくことが必要になります。

災害の備蓄品について

備蓄食に気をつけよう!

水や米、缶詰などの備蓄食を用意するときには、子どもへの提供方法や、保存食としてのメリットと乳幼児食としてのデメリットも考える必要があります。例えば、避難先に粉ミルクを持ち出しても、お湯がなければ提供できません。保存に適した乾パンやビスケットも、水がない状況ではのどに詰まりやすいので注意が必要です。子どもの好みや慣れなども意識しましょう。

ビスケットやウエハースは、口の中の水分を吸って貼りついたり、膨張したりして、窒息事故につながる危険性も。食べ物と飲み物を交互にとりましょう。

災害時における子どもの安心安全と保育の保障を最優先に、衛生面に配慮した物品を備えておきましょう。

衛生面に注意しよう!

大災害では上水道、下水道がストップして不衛生となり体調を崩すケースも。ウエットティッシュ代わりのお尻拭きと使い捨て手袋を多めに準備するほか、幼児クラスや大人のための簡易トイレや職員共通の生理用品なども準備しておくことが大切です。

災害グッズや備蓄品をチェック!

備蓄品を次のような視点をもち再確認してみましょう。

連絡手段

- 携帯電話が不通のときは?
- 指示連絡系統ができているか?
- トランシーバーなども検討?
- 保護者への連絡手段はあるか?

こちら○○!お散歩中に地震発生、公園で待機します!どうぞ

非常用持ち出し袋

- すぐに持ち出せる場所にあるか?
- おむつや衛生管理用品の量は適切か?

災害備蓄品

- 定期的な賞味期限のチェックは?
- 食品以外の使用期限のチェックは?

これを忘れがち!

賞味期限チェック!

食品以外の使用期限もチェック!

防災訓練をおこなう

防災・減災訓練は地域性や保育施設の内部事情に合わせて実施することが大切です。特に地域性（地理条件など）を考慮するために、自治体の災害対応における計画を役所などでよく確認しましょう。自助努力によって最大限の力が発揮できるように日ごろからつとめましょう。

POINT

災害時の対応に慣れるには、防災・減災訓練の振り返りと、その改善をくり返しおこない、地震・火災・水害などの被害の想定を曖昧にしないことが大切です。加えて、朝・日中・時間外保育など、発生の状況設定も変えて実施しましょう。

代表的な避難訓練のチェックポイント

地震・火災・水害などの設定を変え、次のようなポイントを考慮しながら、避難訓練を実施しましょう。

地震	火災	水害

○ 保護者の勤務先の住所や通勤経路の把握	○ 調理室のコンロの緊急時の機能はどのようになっているか	○ 施設のある地域の水害ハザードマップを確認できているか
○ 施設内外のもっとも安全な場所と危険な場所の把握	○ 調理室の耐震性と火災になりにくい整理整頓ができているか	○ つなみや、大雨による増水、河川のはんらんなど、状況に応じた避難経路の確保
○ 避難先での保育の保障	○ 迅速な初期消火の体制づくりほか、火の燃え広がりを遅らせる対策の確認	
○ 備蓄品の提供方法		
○ 職員の寝泊りの順番		

火災・水害の避難のポイント

火災の場合は、できるだけ迅速に、火災発生場所から遠ざかります。屋外の安全な場所に避難することが大切です。水害のときは、屋上などの高い場所に避難したり、あらかじめ指定された高台などの避難場所に、安全な避難経路で移動する必要があります。地域ごとに、災害の種類に応じて行動しましょう。

子どもを運ぶ道具を用意!

子どもたちがまだ歩けない場合は、保育者が複数の子どもを抱えて逃げなくてはなりません。避難車やおんぶひもなど、運ぶための道具や手段を複数用意しておく必要があります。素早く安全に子どもを乗せたり、背負ったりできるように、日ごろから練習し扱いに慣れておきましょう。 →P.70

まとめ

複数の災害が連続的に発生する可能性が高い

地震の発生後に火災が発生したり、水害が発生したりするなど、一つの災害によって複数の災害が連続的に引き起こされることがあります。さらに、災害が起こる時間帯や状況によっても対応が変わってきます。災害の種類や時間帯ごとに対応策をまとめたマニュアルを事前に読み込みましょう。理解を深め、すべての職員が共有できていることが大切です。

災害時対策マニュアルについて

保育園が災害に備えるために欠かせないのが、災害時対策マニュアル(防災マニュアル)です。これは、災害時の組織体制・役割分担、備蓄品の保管場所やリスト、避難場所や避難ルートなどをまとめておくもので、災害時に混乱することなく、より迅速に子どもたちの安全を確保するために必要なものです。マニュアルの中には、職員、地域の関係機関、保護者などの連絡先リストなども入れておき、速やかに連絡を取り合えるようにしておきましょう。作ったら終わりではなく、常に更新していくことも重要です。

AEDとポケットマスクを使うときの注意点

AEDとは不整脈（けいれんした状態）を起こした心臓にショックを与える機械で、「小児モードと成人モード」を切り替える機種や、小児用キーを差し込む必要のある機種があります。保育施設に設置されたAEDの使い方を、職員全員で確認しておきましょう。人工呼吸で役立つポケットマスクについても解説します。

AED の使い方

AEDは医療機器です。有効に活用して子どもを救命するために、落ち着いて正しい手順で使用できるように、日ごろから訓練をして備えましょう。

❶ 子どもが呼びかけに対してふだん通りの反応を見せなければ、119番通報をするとともに心肺蘇生の開始に備えてAEDを準備します。プール活動などの際は、事前に近くに置いておきましょう。

❷ 心肺蘇生（→P.35）の開始を見届けたら、AEDの電源を入れて音声ガイダンスにしたがって操作します。AEDの電極パッドを体に貼っている間も、心肺蘇生は途切れさせないことが大切。

❸ 傷病者にふれていないことを確認して、電気ショック。さらに、人工呼吸を続けます。音声ガイダンスで「ショックの必要はありません。心マッサージと人工呼吸を続けてください」と聞こえたら、AEDはそのままにして、胸骨圧迫から心肺蘇生を再開。

ポケットマスクの使い方

ポケットマスクは、上部に吹き込み口がついている人工呼吸の際に使うマスクで、吹き込み口に一方弁がついています。マウス・トゥ・マウスの人工呼吸をおこなわないので、汚染や感染を防ぐ効果があります。子どもの窒息事故の際にも、安全に人工呼吸が実施できます。

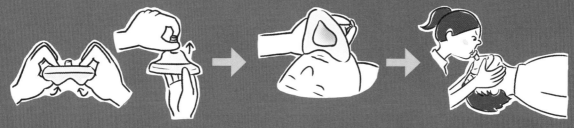

1 指でドームを押しあげ、吹き込み口をつまみあげます。

2 口を開かせるように下唇からマスクのクッション部を口と鼻に押しつけます。

3 気道確保をおこない、上部の吹き込み口から「口対マスク」で人工呼吸をおこないます。

第2章

0・1・2歳児の 毎日の保健衛生

まずは日々の保育の中で求められる「子どもたちの健康チェック」を徹底しましょう。

そして、0・1・2歳児が起こしやすいケガや病気の特徴と、その対処法を学びましょう。

保護者や医師などとの「リスク・コミュニケーション」や、安全な「おんぶひも」の使い方も紹介。

日ごろの保育者の慎重な行動が、事故やトラブルから子どもたちを守ります。

保育現場の健康チェック 前編

様々な情報をもとに、子どもの健康をチェックする！

慣らし保育の子どもも多い新年度などは、一人ひとりの健康面での特徴を充分に把握しきれていません。
ここでは、登園時や保育中などの健康チェックについて紹介します。
保護者からの情報収集や保育者間の情報連携も、とても重要になります。

46

登園時

まずはココをチェックしよう!

子どもの体調を知るには、慌ただしい登園時間であっても、じっくりと保護者とコミュニケーションをとる必要があります。健康チェックのポイントや、保護者から情報を聞き出すコツを身につけましょう。

目ヤニ

朝起きてすぐ、顔を洗わずに登園しているケースのほか、感染症にかかっている疑いもあります。

顔色

弱々しい泣き方なのに熱っぽくて赤いなど、子どもの顔色に不安を感じたら、体調について保護者に積極的に聞きましょう。

服の汚れなど

服の汚れ、髪の乱れ、パンパンのままのオムツなどは、家庭での育児の様子を知るヒント。気をつけて経過観察をしましょう。

発疹 (ほっしん)

皮膚に見慣れない赤いブツブツが出る発疹は、アレルギーなど様々な原因があり、受診が必要になることもあります。

傷やあざ

保護者にだっこしてもらっている間に手を握って語りかけ、見える範囲で傷を確認しましょう。その傷がついたのが、家なのか園なのかを把握することはトラブル回避にもつながります。

「変わりないですか?」ではなく 具体的な質問をしよう!

保護者への「変わりないですか?」という問いかけは、信頼関係を築けていない状態では、大切な情報を得られないこともあります。チェックポイントを参考にしながら、決めつけないように注意して、保護者に具体的な質問をして聞き取りましょう。

○○ちゃん、目ヤニがついてますね

実はなかなか起きられなくて寝起きなんです

朝ごはんは食べられましたか?

食欲がないみたいで、ぜんぜん食べてなくて

保育中

あずかってからは、ココをチェックしよう!

子どもは、一人ひとり平熱や体調の変化の仕方が違います。まだ子どもの特徴がつかめていない時期は、子どもの体温の変化や、病気の兆候になるような変化を記録し、ほかの保育者や看護師と情報共有をしましょう。

せきや鼻水

子どもにせきや黄色い鼻水が見られたら要注意。感染症が広まる可能性が高いので、そうなる前に、園内外の感染状況に気を配り、予防を心がけましょう。

検温

検温をして記録したら、個別の子どもの平熱の幅の変化をしっかりと把握しましょう。

眠そう

生活環境の変化についていけていない子どもは発熱したり、体調を崩しやすくなります。子どもごとに眠くなる時間帯もおさえましょう。

食欲

食べる量が少ない、食べづらそう、えづくなどの食事における変化は、体調不良や病気の兆しになります。

体温計によって温度が変わる!?

体温計には次にような種類がありますが、①の実測式よりも、②の予測式の方がやや高い温度になる傾向があります。また大人は、③の赤外線センサーの耳用がもっとも高い温度になる傾向がありますが、子どもは額用のほうが高く出る傾向があります。 出典元:(株)エフシージー総合研究所 生活科学研究室

電子体温計の種類

❶実測式
より正確に知りたいときに使用する体温計で、測定に5〜10分かかる。
使い方:わきにはさむ

❷予測式
過去のデータをもとに、測り始めの体温の変化をみて、10秒程度で測定。
使い方:わきにはさむ

❸赤外線センサー
体に赤外線センサーをあてて、皮膚の表面温度を数秒で測定する。
使い方:鼓膜や額にかざす

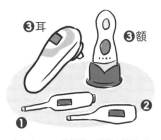

❸耳　❸額　❶　❷

大切なのは、体温計の種類と体調がよいときの平熱を知っておき、医師にしっかり伝えることです。

保育者や看護師と情報共有しよう!

保育者は子どもの変化に気づいたとき、ほかの保育者や看護師と情報を共有することが大切です。複数人の視点が集まることで、子どもの体調不良が悪化する前に対応できたり、保護者に相談することができたり、よりよい対策が打てるようになります。

○○ちゃん、今日は食欲がなくて、下痢ぎみなんです

最近はやっている胃腸炎かもしれないですね

看護師

乳幼児突然死症候群(SIDS)等に注意!

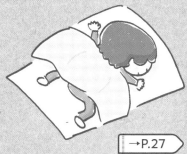

3歳未満児は特に、午睡の時間帯に、原因不明の突然死が起こるリスクが高くなります。何か起こってからではなく、感染症予防、体調チェックをふだんからおこなうとともに、うつぶせ寝を避け、タオルケットをかけ直して体温調節をしたり、呼吸の変化を確認するなどの配慮が大切です。

→P.27

呼びかけの反応

○○ちゃ〜ん
○○ちゃ〜ん

子どもの反応が悪いときは、体調不良を疑うだけでなく、耳そうじをしていないなど衛生面の問題も確認してみましょう。

排便・排尿

下痢や便秘は体調不良による原因のほか、生活環境の変化による影響も考えられます。排尿の頻度や量などの変化にも注意しましょう。

機嫌

喜怒哀楽の変化は、心理的な面だけでなく、体調不良の可能性を考えて、保健の視点からも見ていきましょう。

まとめ

保護者とともに築く安心安全な保育

登園時、保育時の健康チェックをもとに、子どもの特徴を踏まえて連絡帳や口頭で、保護者とコミュニケーションをとりましょう。信頼関係を築いていくことで、保護者のほうから情報を提供してくれるなど、協力的な姿勢となります。安心安全な保育のためには、保護者の協力を得ることが大切です。

登園時

慎重に見守っていきますね

今日は37・2℃で少し熱が高いみたいなんです

○○くんは平熱が高いのでだいじょうぶかと思いますが

降園時

午前中に37.4℃まであがりましたが、午後は36℃後半で落ち着いていました。今日は眠そうにしていることが多かったです

週末に旅行に行ったので、疲れが出ているのかもしれないですね。今日は早く休ませます

保護者の気持ちを受け止め臨機応変な対応をしよう

子ども一人ひとり、平熱や体調変化の前兆は違います。保護者の気持ちを受け止めて良好な関係を築きながら、子どもごとの特徴に応じた対応をしましょう。

熱が37.5℃なので、おあずかりできません!

仕事に行かないと…

この子は平熱が高いんです

49

リスク・コミュニケーションの取り組み

保健衛生には職員同士や関係機関との協働、さらに保護者との協力関係が欠かせません。
頭ごなしに協力を求めず、ともに取り組むしくみをつくることで、
万が一不測の事態が発生したときにも、適切に対応できるようになります。

リスク・コミュニケーションができていないと……

ケース❶

保護者トラブル

予防接種

うちは予防接種はしません

はい、わかりました…

子どものケガ

すいません。

ケース❷

医師との連携不足

心配なら保護者が直接くるようにしてください

ケース❸

誤食事故発生

何かあったらどうするんですか!!

リスク・コミュニケーションとは?

園で不測の事態が起きてから関係者に協力をあおいだり、理解を求めるのではなく、日ごろから保健だよりやミーティングといった機会を通じて、保育者同士、医師や保護者、栄養士や調理員、看護師などと、お互いの立場や子どもにとってのリスクをふまえてともに取り組む関係性を築くこと。あらゆる関係者が、子どもの安全を守るために手をたずさえ、安心できる保健衛生の体制づくりを目指します。

園の職員が集まって話し合いをする機会をもったり、近隣の医師にあいさつに行って関係性を築いたり、いさというときに備えて、ふだんからの関係性を築いておくことが大切です。

リスク・コミュニケーションで ともに取り組む

園では、ケース❶「保護者の意向を事前に知ることなく、予防接種のタイミングで断られて困った」や「ケガをして謝罪したが、保護者とのトラブルに発展した」などの問題が増加傾向にあります。こういったケースを回避するためにも、不測の事態に備えた保健指導を、その意味も含めてしっかり共有しておくことが大事。そのうえで、子どもを第一に考え、関係者全員で互いに信頼し合って、課題解決のために協力していきましょう。

リスク・コミュニケーションを試みよう！

ケース❶
保護者トラブルを未然に防ぐ

予防接種

保育者「予防接種は、園内での感染症まん延を抑えるとともに、重症化を防ぐ目的があるので、時期がきたらよろしくお願いします」
保護者「前向きに検討しておきます」

子どものケガ

保護者「先生たちがどのように注意してくださっているかわかって、お任せしているからだいじょうぶです」
保育者「あらためて注意しながら、子どもたちを見守っていきます」

ケース❷
医師との連携強化

保育者「子どもの体調不良やケガの種類に合わせて、連れていくことが望ましい病院や専門科をリサーチ。気軽に相談できる雰囲気か事前に情報収集しないと」

ケース❸
誤食事故の再発防止

よろしくお願いします
はい！！

保育者「誤食のリスクを減らすために、一緒にチェックのしくみを考えていきましょう」
調理師「同じ間違いが起こらないように、食器の色を変えようと思っています」

コミュニケーションの 氷山モデル

一般にコミュニケーションをとろうとすると、水面の目に見える部分「話のコンテント（話題）」だけを重視して終わりがちです。しかし、実際には目には見えにくい、もしくは意識できていない隠れているプロセスが大事。例えば、話す人の「伝え方」や聞く側の「どのような考えをもって聞いているか」といった部分。誠意のこもった態度で、相手の気持ちに寄りそって、コミュニケーションをとりましょう。それが、園生活におけるリスクを共有し、ともに協力して取り組む関係性づくりにつながっていきます。

何について話そうか…
何を聞かされるんだろうか…
コンテント 話題・課題
目に見えやすいプロセス
隠れているプロセス
どのように伝えているか？
どのように聞いているか？
保護者や他の保育者とのコミュニケーションにおいて、大切にしないといけない事柄
相手が理解しやすい方法か？
どのように意思決定しているか？

保育現場の健康チェック 後編

子どもの様子から異変をすばやく察知する

体調不良やケガなどの発見が遅れてしまうと、特に状態が悪化しやすい0・1・2歳児。保育者には、
子どもの異変にできるだけ早く気づき、すばやく適切な対処をすることが求められます。
そのために必要な気づきのポイントや、連携の仕方を紹介します。

ドキッ!
こんなときどうする？

異変に気づくため

子どもが自らの異変を伝えることがむずかしい0・1・2歳児クラスでは、保育者による気づきが重要になります。まずは「循環・意識・呼吸」3つの視点から"子どもの第一印象"をチェック。すばやく異変に気づくことで、症状の重篤化を防ぎましょう。

循環

下唇が紫色になるなど顔色が悪かったり、手足が冷たくなっていないか？

チェックポイント
- ☐ 下唇・下まぶたの色
- ☐ 手先・足先の冷たさ
- ☐ 部位のはれ具合

意識

ぐったり感はないか、目がうつろではないか、呼びかけの反応が悪くないか？

チェックポイント
- ☐ 目線・目力
- ☐ 動きの俊敏さ
- ☐ 受け答え

呼吸

呼吸のペースがふだんより乱れていたり、のどの奥から音が聞こえていないか？

チェックポイント
- ☐ 呼吸音
- ☐ 胸腹の動き
- ☐ 呼吸回数

子どもの第一印象＋様々な情報で"目に見えない異変"が見える

「呼びかけに答えない」「顔色が悪い」などの目に見える症状と、「アレルギーがある」「ケガの目撃証言」「体温の変化」などの様々な情報が組み合わさることで、"目に見えない異変"に気づけるようになります。

アレルギーかな？

「むくみがあり 循環 、苦しそうにゼーゼーし 呼吸 、反応がにぶい 意識 」

＋

「湿疹が出ている」
「卵アレルギーがある」
→誤食事故の可能性？

その他の例

「呼びかけに答えず、一点を見つめ 意識 、呼吸がつまり 呼吸 、顔色が悪い 循環 」

＋

「家庭で過去に熱性けいれんを発症している」
→熱性けいれんの可能性？

「顔色が悪く 循環 、息苦しそう 呼吸 」

＋

「おもちゃの部品が一つ足りない」
→誤飲の可能性？

「様々な情報」が集まるしくみをつくる

見た目だけで子どもの病状を判断するのはむずかしいことです。だからこそ、保護者とのふだんのやりとり、ほかの保育者の目撃証言など、様々な情報を共有することが大切です。当番の引継ぎ時などには、情報の伝達もれがないようにメモを残すなど、情報を伝えるためのしくみを徹底することも必要です。

○○くん、棚から落ちて右足をぶつけてしまいました。すぐに冷やしたのですが、少し赤みが残っています

わかりました。日中も様子を見ていきますね

様々な情報から原因を探る

第一印象から目に見えない異変に気づいたり、重篤化を未然に防いだりするには、日ごろから様々な情報を集めておくことが大切です。情報には以下のようなものがあります。

連絡帳

子どもの家庭での様子・食事量・便の回数・熱・機嫌など、保護者の記入した内容から読み取ります。

職員同士の情報共有

クラス担任間の情報共有だけでなく、時間外の保育者や用務員などを含めた、すべての職員のもつ情報が判断材料になります。

体温の変化

数日にわたっての体温の変化は、子どもの体調の変化を知る上での目安になります。一人ひとりの平熱も把握しておきましょう。

地域の情報

感染症のはやり具合など、地域の情報収集も欠かせません。

ヒヤリハット報告書の活用

大きなケガや事故になりかかったヒヤリハットを園全体で共有し、注意を促すことが必要です。

強固な情報連携

担任だけが子どもの異変に気づくわけではありません。園内にいるすべての職員が気づきを報告し合い、情報を共有することを園のルールとして徹底しましょう。また、保護者との連携を密におこなうのはもちろんのことですが、嘱託医や他園とのつながりを活用することで、より多くの情報を得られます。

事務所（園長・主任など）
用務員
他のクラスの職員
調理師・栄養士
看護師
地域
（近隣の園や病院・嘱託医・役所など）
保護者

保護者との会話

連絡帳だけでは足りない、より具体的な情報は、登園時などに保護者とのコミュニケーションを通して聞き取りましょう。→P.49

看護師への相談

子どもの異変が疑われたら、看護師に相談したり、看護日誌の情報をもとに話し合ったりすることも大切です。

適切な対処のために

日ごろと比べて少しでも違和感を覚えたときは、見過ごさずに声に出すことが大切です。複数人で対処することで、思い込みや間違った判断を減らせます。

 1 異変の疑いを見つける
子どもの第一印象から、「顔色が悪い」「目がうつろ」「呼吸が激しい」などの姿が見られる。

2 あらゆる情報をもとに可能性を探る
まずはクラス担任間で、あらゆる情報を共有し、症状の見落としがないか検証する。状況に応じて、それ以外の職員の協力をあおぐ。
（例）棚から落ちた・昨夜から食欲がない・アレルギーがあるなどの情報

 3 適切な対応・処置をする
子どもの状態を確認し、適切な対応をおこなう（報告・相談・保護者への連絡・応急処置・記録・経過観察など）。判断に迷うようなら嘱託医に相談して、病院の受診・119番通報などをおこなう。

ほかの子どもへの配慮は?

症状によっては、ほかの子どもたちにも同様の異変がないか確認をおこない、感染症の拡大を防ぎましょう。また、起こった異変に対して保育者が必要以上に動揺するのは禁物です。クラス全体が落ち着かなくなると、かみつきやひっかきなど別のトラブルの原因になってしまうこともあります。落ち着いて、ふだん通りの保育を継続しましょう。

まとめ

見えない症状を発見し、悪化を最小限におさえる

保育現場では、症状が悪化してから子どもの傷病に気づいて、慌てるということがないようにしなければなりません。これまでは子どもの異変をいち早く発見することは、特殊なスキルが必要だと考えられてきました。しかし実際は、「循環・意識・呼吸」などのポイントを注意深く観察するとともに、職員同士が連携することで早期発見が可能です。情報の収集や共有など、こまめな行動の積み重ねを習慣づけることで、「見えなかった症状」や「隠れていたケガ」が悪化してしまう前に、対処できるようになります。

新人でも異変に気づける園の保育体制を築く

子どもの異変に気づけるようになるには、経験が必要だと思われがちです。しかし、たとえ新人の保育者であっても、ケガや病気にまつわる知識を学び、必要なポイントをおさえることで気づけるようになっていきます。保育の質を高めるために、園全体でフォローしながら、子どもの異変に気づける体制を目指しましょう。

ケガの判断と対処

ケガが予防できる環境づくりと発生時の対処法

0・1・2歳児に起こりやすいケガとして、かみつき・切り傷・すり傷・脱臼などがあります。
ケガの対処法だけでなく、そもそも子どもたちがケガをしないようにするために、
予防のための環境づくりや保育者の心構えについても考えていきましょう。

ドキッ! こんなときどうする?

かみあと（かみつかれた）

子どもがかみつかれたときの対処法や、予防のための心がけ・手当ての準備について見ていきます。

動物にかまれたときは!?

飼育されたイヌやネコ・野生動物などにかまれたときは、狂犬病などの感染症を疑い、必ず病院を受診しましょう。

かまれて子どもが泣いている

POINT
かみあとを見て傷口から血が出ているかどうか確認し、すばやく対処しましょう。

対処法 1 すばやく氷のうで冷やす

傷口を洗って、血が出ていたら滅菌ガーゼで止血する。青あざ（内出血）にならないように、タオルなどを当てた上から氷のうで冷やす。

一つでもチェックがつく

チェック
- □ 傷口がはれてきた
- □ 出血がひどい

対処法 2 外科を受診する

傷口を洗い、止血をしながら病院へ連れていく。保護者への連絡も忘れずにおこなう。

再発をさせない具体的な対策を

子どもに対して死角をつくらないように、保育者の立ち位置を考えましょう。また、遊びのスペースや玩具の数・種類を見直すなど、環境面での具体的な対策を話し合いましょう。

おもちゃの数は充実している？

保育の体制は大丈夫？

手当ての準備をしておく

傷あとを小さくするためには、すばやく氷のうなどで冷やすことが大切です。かみつきがあったとき、すぐに対処できるように前もって準備をしておきましょう。

氷のう

氷

保護者の理解を得るために

特にかまれた側の保護者の不安に配慮を。また、噛んだ子どもには親近感をもって接します。早い段階から、保護者とともに子どもの成長（社会性の進展）を見守りましょう。

切り傷・すり傷

子ども同士のトラブルや外遊びなどで起こりやすい、切り傷やすり傷。的確な対処法とともに、再発を防ぐ方法を考えていきましょう。

子どもが転んでひざをすりむき痛そうにしている

POINT
散歩先で、地域の小学生などの激しい遊びに巻き込まれてケガをするケースが増えています。遊びのスペースを分けるなどの配慮をしましょう。

感染予防グローブをつけよう!

傷の手当てをする際には、血液に直接ふれることのないよう感染予防グローブをつけましょう。保育者自身への感染だけでなく、子どもたちへの集団感染を防ぐことにつながります。

対処法 1
傷が浅いときは水で洗い様子を見る

① 水洗いをして、傷が浅ければ、そのまま様子を見る。

② 水洗い後、湿潤療法用パッドなどを貼って治すことで、傷あとがきれいになる。

チェックがつく →

チェック
□出血が多い

対処法 2
出血が多いときは直接圧迫止血をする

滅菌ガーゼを傷の上に当てて圧迫し、5分ほどおさえて止血する(直接圧迫止血)。血が止まらないときは、ガーゼを重ねて圧迫したまま病院へ連れていく。

いざというときに備えよう

保育救命 救急スターターセット
本書の著者である遠藤先生が監修! 持ち出しやすいショルダーバックの救急セットです。
¥29,000+税
41070

保育救命
園で起こる様々なケガや病気の対処法を紹介する保育者必携の一冊。
著:遠藤 登 ¥1,800+税 61043

予防
起こりやすいケガや危険な場所を把握!

どこでどんなケガが起きたのか、ハザードマップを作って園内で共有しましょう。ケガの起こりやすい場所やシチュエーションを把握することで、再発させないように意識することが大切です。また、つめが伸びていないか、くつのサイズが合っているかなど、衛生面や生活面も見直しましょう。

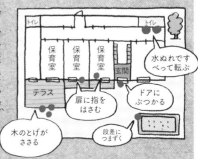

肘内障
（ちゅうない）
（ひじの亜脱臼）

いわゆる「ひじが抜けた」状態のことです。手を急に引っぱられたことで、ひじのじん帯が傷ついて動かしにくくなることがあります。

予防

子どもは危険がともなうような、突発的な動きをすることがあります。保育者が腕を引っぱって制止することのないように注意。子どもの動線を考えて、危険を予測しましょう。

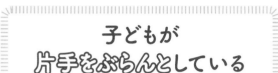

子どもが片手をぶらんとしている

POINT

見た目の変化がないことに加え、痛がるしぐさを見せないことがあるので、子どもの異変に注意。

チェックがつく

チェック
☐ 関節を曲げようとすると痛がる

対処法

患部を動かさないですむよう、保育者の体に密着させて支える。氷のうなどで冷やしながら、病院へ連れていく。

まとめ

園で対策を話し合い、保護者の理解を日ごろから得る

保護者に対しては、園でケガが起こってしまったことに対する謝罪とともに、正確な状況説明や今後の対策を真摯に伝える姿勢が大切です。また、子どもに安全について教え諭すだけではなく、保育体制や環境面の工夫で防げるように日々の保育を見直し、職員間での連携をはかりましょう。

ケガにつながることもあるので、つめを切ってくださいね

大きなケガを防ぎ、子どもがのびのび遊べる活動を目指す!

保健計画と教育目標に照らした活動を組み立てたら、子ども一人ひとりの行動を見通します。子どもたちの楽しみや成長の機会を失わないためにも、大きなケガにつながるような危険性を予測して、安全対策を実施しましょう。

熱中症の対処

熱中症の予防を徹底し、子どもを命の危険から守る

子どもは体温調節機能が未発達なため、高温多湿の場所にいると熱中症になり、
様々な不調を引き起こします。もっとも症状の重い熱射病は、命にかかわることもあります。
熱中症の知識と対策をしっかりと身につけましょう。

熱中症は どうして起こる?

まだ体温の調節がうまくできない0・1・2歳児は、特に熱中症対策が必要です。なぜ起こりやすいのか原因を知って、対処法を身につけましょう。

熱中症が起こるしくみ

人は体温があがると、汗をかいたり、皮膚から熱を逃がしたりして、体温をさげます。ところが、湿度が高くなると、汗が蒸発しにくくなり、体温がさがりにくくなります。さらに、子どもの中でも特に乳児は、皮下脂肪が少なく、汗もあまりかかず、腎機能も未発達です。そのため体温調節の力が弱く、熱中症に特にかかりやすいのです。

暑い場所、運動をするなど → **体温が上昇**

汗をかいて蒸発させて熱を逃がす

皮膚に血液を集めて皮膚の表面から熱を逃がす

湿度が高かったり、通気性の悪い服を着ると蒸発しにくくなる

熱がさげられなくなると…

風がなかったり、気温が高いと体温がさがりにくくなる

熱中症が発生!

熱中症のチェックポイント

- ☐ 反応がにぶい・目がうつろ
- ☐ 呼吸が苦しそう、弱い
- ☐ 体が熱く、ぐったりとした感じがある
- ☐ 立ちくらみをした
- ☐ 何か異常を感じる

反応がなく熱がある　　**反応があり動ける**

熱射病の対処法

39℃以上の熱があったり、意識がなかったりしたときは、熱中症の中でもっとも症状の重い熱射病にかかっている可能性が高いです。命にかかわる危険な状態のため、すぐに119番通報し、急速に体温をさげる必要があります。

ぬれたシーツやタオル、大量の冷水などを体にかける。その後、アイスパックや氷などを、①首、②わきの下、③足のつけ根に当てて冷やす。

熱中症の対処法

意識があれば、日陰や室内に移動させ、服をゆるめて体を冷やします。経口補水液やスポーツドリンクなどで水分・塩分を補給しましょう。水分は一気にとらず、ひと口ずつゆっくりとらせるのがポイントです。

ぬれタオルで、①首、②わきの下、③足のつけ根などを冷やす。この部位は、大きな血管が通るため、血液を冷やすことができる。

熱中症の予防をしよう！

熱中症は、屋外・室内・プールなど、様々な場所で起こります。園児の体調管理や服装に注意を払うとともに、状況に応じた熱中症の予防をしていきましょう。

湿度にも注意しよう！

熱中症対策は、気温に注意が向きがちですが、湿度の調整も重要。湿度の高い室内での活動時にも注意しましょう。

暑すぎるときは外遊びしない！

あまりに暑い日には、無理をすることなく、外遊びを控えるという判断も必要です。

水遊び中でも起こる！

熱中症は、屋外で起こるイメージがありますが、実は汗をかきやすい水遊び中にも起こっています。高温多湿の場所では常に注意が必要です。

通気性のよい服装＆帽子の着用を！

通気性の悪い服を着たり、厚着をしすぎたりすることで、子どもは体温調節ができなくなって、急激に熱があがってしまうことがあります。屋外では帽子の着用も必須です。

休息と水分補給をこまめに！

休息や水分補給をすることで、熱中症対策になります。15分に一度を目安に休息をとり、活動にメリハリをつけましょう。

生活習慣をチェック！

暑くなると体調を崩しやすいため、生活習慣が乱れていると、熱中症にかかりやすくなります。家庭と連携しながら、食事や睡眠などの生活習慣も見直していきましょう。

点呼もれには要注意！

例えば、バスから降りるとき、子どもの点呼を間違えて、バスの中に子どもを置き去りにしてしまうなどのケースがあります。閉じ込められてしまうような密室では、特に注意が必要ですが、日ごろから人数確認を習慣づけることで点呼もれを防ぎましょう。

家庭との連携を強化!!

熱中症には、子どもの体調や服装なども大きく関係します。口頭や連絡帳・おたよりなどを通して家庭と連携することで、熱中症対策をしていくことも必要です。注意喚起をすることで、家庭での熱中症対策や、生活習慣を見直すことにもつなげていきましょう。

早く寝ようね〜

〜熱中症予防の**3つ**のポイント!〜

1 休息で水分補給

熱中症は、屋外だけでなく、室内や車の中などでも起こります。体を動かして汗をかいたときは、休息と水分補給が大切です。

2 記録・改善

子どもたちが遊ぶ姿や食事の様子などと合わせて、室温・湿度なども記録。日々の変化から、子どもにとって快適な環境だったかを振り返ります。

3 体調管理

体調が悪いと熱中症になりやすくなります。子ども一人ひとりの発育に合った生活習慣を心がけましょう。

まとめ

気候、環境、一人ひとりの生活にまで注意を払う!

熱中症は、高温多湿の環境で起こります。気温・湿度・時間などはもちろん、屋外・室内・プール・車内などあらゆる環境で注意が必要です。さらに、子ども一人ひとりの体調や服装も影響します。熱中症を防ぐためには、広い視野で見ていくことが必要です。

気温OK!
人数確認OK!
帽子OK!水分OK!

散歩に出発します!

熱中症の3段階を知ろう!

熱中症の重症度には、大きく分けて3段階あります。子どもの状況から、どれくらいの段階にあるのかを把握しましょう。

軽い ………

I度 熱失神

手足がしびれたり、めまいや立ちくらみがあったり、筋肉のこむら返りがある。一時的な失神状態も。

↓

II度 熱疲労や熱けいれん

頭痛がしたり、吐き気をもよおしたり、体がだるくなったり、意識が何となくおかしい。熱けいれんを起こすことも。

↓

III度 熱射病

重い

意識がない、全身がけいれんする、呼びかけの返事がおかしい、まっすぐ歩けない、体が熱い。

感染症の対処

集団感染しないために、徹底した予防が大切！

気温や湿度の低い冬の時季は、ノロウイルスを始めとした感染性胃腸炎が特に増えます。
その一因となるのが、感染者の下痢や嘔吐からの二次感染です。
下痢や嘔吐の安全な処理の仕方や集団感染しないための様々な予防策を紹介します。

ドキッ！

こんなときどうする？

下痢

水のような固まっていない便がひんぱんに出る下痢は、ウイルス感染・細菌・食事・寄生虫・薬など様々な原因から、比較的よく起こります。

子どもが 下痢をした

通常の下痢であれば、特に治療をしなくても数日で治りますが、長引く場合は注意が必要です。

対処

1 便の状況を記録する

保育者は、マスクや感染予防グローブを着用する。下痢がいつからか、回数・便の色・においはどうかなど、便の状況を記録しておき、保護者に伝える。

Check!

2 清潔にして、おしりをケア

シャワーなどでおしりを洗って清潔にする。おしりがただれたら、オムツを小まめに交換したり、医療機関に相談して、おしりの痛みをケアする。

注意 下痢便のオムツが感染源になることも!

一つの袋にいくつものオムツを詰め込もうとくり返し袋を開けたり、便の状態を確認するため閉じたオムツを再び開くと、感染を広げる危険性が高まります。感染源を閉じ込めるようにオムツを処理しましょう。

判断

下痢に対して感染症の疑いをもつ

下痢をしたときは、子ども自身の体調はもちろんのこと、園全体や地域の情報をもとに感染症の可能性を視野に入れておく。

子ども自身
機嫌・体温・食欲などはどうか?

園内
ほかのクラスに病気で休んでいる子どもはいないか?

地域
何かしらの病気が流行していないか?

予防

感染症の疑いが高まったら拡大防止の対策を

情報や症状から感染症が疑われたら、対策を講じる。例えばノロウイルスの場合であれば、接触感染や経口感染が主な原因となる。子どもも保育者もウイルスをトイレの外に持ち出さないように意識する。手のこすり洗いを徹底することも大切。

きれいに洗おうね〜

嘔吐

子どもが嘔吐した

0・1・2歳児の嘔吐は、重症化しやすいため、特に注意が必要です。

対処

前かがみで吐かせる

子どもが吐きそうなときは前かがみにさせて、気道に嘔吐物がつまらないようにする。嘔吐物は、容器などで受け止める。

POINT

再び嘔吐する可能性があるので、保育者はしばらく寄り添い、背中をさすりながら見守る。

こんな嘔吐にもご用心!

子どもが嘔吐したら、頭やおなかをぶつけたことによる、臓器損傷や出血性ショックの可能性も考えられます。以下の症状にチェックがつく場合は、特に注意して子どもを観察し続けましょう。

内出血の危険性に注意!

- ☐ 嘔吐する、のどを痛がる
- ☐ 眠たがり、目が虚ろになる
- ☐ 脈拍があがり、寒がる
- ☐ 顔色が悪くなっていく
- ☐ 呼吸が速く、苦しそうにしている

嘔吐後の対処

嘔吐した子ども

1 口を洗い、着替える

嘔吐物のにおいは吐き気をもよおすため、服が汚れていたら着替える。口をゆすいで、口の中やまわりをきれいに洗う。

2 落ち着いたら、水分補給する

ゆっくり飲んでね～

嘔吐から1時間は飲食物を与えずに安静に過ごす。そのあとは脱水症状にならないように、小まめに経口補水液を飲ませて水分補給する。

まわりにいた子ども

1 手洗い・うがいをする

嘔吐した子どもから離れた場所に移動して、手洗いやうがいを徹底する。

2 着替える

嘔吐物が衣服についた可能性がある子どもは、着替える。脱いだ衣服は袋に密閉する。

保育者から子どもに感染させない
標準予防策を知ろう！

感染防止において、具体的に感染経路を断つためには、感染の可能性のある物質や、感染しやすい箇所についての理解が欠かせません。常日ごろから、感染の可能性のある物質などにふれる場面の予防策（スタンダードプリコーション：標準予防策）の工夫を心がけましょう。

血液にふれる

子どものケガを手当てする際、血液にふれます。血液は病原体を媒介する物質としてもっとも注意が必要です。

傷のある皮膚

ケガに限らず疾患による皮膚炎の肌などは、感染経路でもあり病原体が侵入しやすくなっています。手当ての際は、手袋を着用しましょう。

口内や目などの粘膜

血液に次いで注意が必要です。給食後のはみがきの仕上げ磨きをする場合なども感染防止につとめます。

汗をのぞく体液

インフルエンザやロタなど、感染力の強いウイルスによる感染症がはやる時季には糞便や嘔吐物等の処理だけでなく、尿による感染防止にもつとめましょう。

「保健指導」に加え、「保健衛生活動」につとめる！

0・1・2歳の子どもたちが率先して、正しくマスクを着用したり、適切な手洗いやうがいをしたりするのはむずかしいため、子どもにそれらを身につけさせる保健指導のほかに保育者による援助や配慮が必要です。「不顕性感染」（→P.69）の理解を深めて、体調が不安定な職員は調理に関わらない対応や、子どもの健康を守る保育園にふさわしい「標準予防策」など、バランスのとれた感染対策が望まれます。

子どもに対しては、病原体を洗い流したり、ブロックするなどの予防策（標準予防策）が大切。

調理しない！

ウイルスに感染したとしても発症するとは限らず（不顕性感染）、その感染者から別の人に感染することも。

感染予防グローブの置き場所・捨て場所

感染予防のための使い捨てグローブは、しっかりと管理することが重要です。必要なときにすぐ使えるように、収納棚に保管しておきます。また、使用後も、処理した感染予防グローブを、子どもが取り出すことがないように、保育室からはなれた場所にゴミ箱を設置することも検討しましょう。

すぐに取り出しやすい場所に置く

感染予防グローブは、子どものケガの処置や給食の配膳、薬の塗布などで活用しやすいように保育室の棚に設置する。そのほか保育者のポケットにも入れておく。

隔離された場所のごみ箱へ

おむつを替えた場合など、感染を広げないために処理をしたあと、感染予防グローブや汚物は、隔離された場所に捨てる。子どもが持ち出すことなく捨てられる場所をつくる。

正しい手洗いの方法

大人も子どもも、小まめにしっかりと手を洗うことが、園全体の感染症予防につながります。

保育者が手を洗うタイミングとは？

保育所での感染症拡大の原因の一つに、たくさんの子どもにふれる機会のある保育者を介した感染があります。保育者は、子どもに直接ふれる前や、汚物・下痢などを処理したあと、感染症の疑いのある場所にふれたあとには、必ず手を洗うようにしましょう。

1 指輪や時計などははずした状態で、流水で手を洗う。

2 せっけんをつけてしっかり泡立てる。手のひら、手の甲をこすり、指の間は、両手を組むようにしてこすり合わせて洗う。

3 親指や手首は反対の手でねじるようにして洗う。指先、爪の間は手のひらの上で指先をこするように洗う。

4 流水でせっけんと汚れを洗い流し、清潔な乾いたタオルでふき取る。

感染源の安全な処理の仕方

嘔吐物

1 嘔吐物をふく

保育者は感染予防グローブ・エプロン・マスクをつけて、嘔吐物を新聞紙でおおって中央に集めるようにふきとり、ビニール袋に詰め込む。

2 消毒して換気する

次亜塩素酸ナトリウム20mLと水1Lを混ぜた消毒液をバケツで作る（使用時は50倍に薄める）。それを雑きんにつけて、その場をふく。換気をして30分は室内に人を入れない。

下痢

1 下痢のオムツを替える

保育者は感染予防グローブ・エプロン・マスクをつけて、オムツシートの上で、子どものオムツを替える。オムツやおしりふきは、二重のビニール袋に入れて密閉する。

2 消毒して換気する

次亜塩素酸ナトリウム20mLと水1L混ぜた消毒液をバケツで作る（使用時は50倍に薄める）。それをタオルにつけ、オムツ交換台などをふく。

POINT

嘔吐物のついた服は、ビニール袋に入れて密閉し、保護者へ。塩素系漂白剤につけてから洗濯してもらう。

3 使ったものを処分する

保育者が媒介者にならないためにも、感染予防グローブ・エプロン・マスク・ふきとった雑きんやタオルは、使い捨てできるものを用意。作業後は二重にしたビニール袋にすべてを入れて処分。保育者は手を石けんで洗い、うがいをする。

まとめ

感染を広げない対策の徹底を!

集団感染の発生をゼロにすることはできませんが、感染予防対策を徹底することで、感染の拡大を減らしたり、被害を小さくとどめることができます。食品からの経口感染や食中毒を防ぐために、職員はその日、体調がすぐれなかったり、下痢がひどかったりする場合は「食品を扱わない」というルールを決めたり、無理せずに休みをとれるように体制を整えましょう。

不顕性感染に注意!
（ふけんせいかんせん）

細菌やウイルスなど病原体に感染したが、感染症状を発症していない状態のことを不顕性感染といいます。たとえ感染したとしても、必ず発症するとは限らないために、その人は元気であっても、病気の感染源になっていることがあります。だからこそ、子どもも大人も、園に関わるすべての人が、手洗いなど衛生面を徹底することが大切です。

安全な 「おんぶひも」の使い方

0・1・2歳児保育では、日常的におんぶやだっこをする分、
子どもの落下などの事故も発生しています。
慌てやすい災害時なども安全におんぶひもやだっこひもを
使用できるように基本動作を見直しましょう。

昔ながらのおんぶひも

高い位置でおぶうことができるため、子どもの視界が広がるのが大きなメリットです。ひもで調整して縛るタイプなので、使用者ごとにサイズ調整の必要がないのが便利。汚れてもまるごと洗いやすいのも特徴です。動いていると緩んでくるので、おんぶしている間は子どもを優先して過度に動かないように注意しましょう。

つけ方

1
おんぶひもの上に、子どもを寝かせる。肩ひもを前にだす。

2
立てひざに子どもを座らせ、肩にひもをかけ、ひじで子どもを背中に送る。

3
前傾姿勢になって、背中に子どもをのせ、肩ひもをクロスさせて前にひっぱる。

4
下のひもを体の前に出して、下のひもの金具に肩ひもを通す。

5
腰または胸の位置で、ひもをしばって固定する。

リュックタイプのおんぶキャリー

腰ベルトをとめる構造のため、子どもの体重を腰にのせられて肩が楽で、背あても広いため安心感もあります。ただし、隙間から子どもが落ちることのないよう、ベルトや肩ひもの長さは、使用者に応じて変更しましょう。

つけ方

1
腰ベルトを装着し、サイズを調節する。

2
体の前で子どもを背あてにおさめる。

3
腰ひもを回転させ、片方の肩ベルトをかける

4
子どもの背中をしっかり支えながらもう片方の肩ベルトに腕を通す。

5
前かがみになり、背中に子どもをのせて、胸のベルトと肩ベルトの長さを調整し、背中に密着させる。

重大事故につながる転落に注意!

「おんぶひも」「だっこひも」からの転落事故の中には、子どもが頭を打つなどして重症を負うケースも。事故が起こる月齢は 12 か月未満が多く、特に重症を負う月齢は 4 か月以下に集中しています。重症事例の 8 割が 90 ㎝以上の高さから転落しています。

4 か月未満の事故の傾向

だっこで前かがみなど無理な姿勢をしたときや、ひもの緩みによりおんぶひもと使用者の身体との間に隙間が生じ、脇から子どもがすり抜ける事故事例が多い。

4 か月以上の事故の傾向

おんぶひもの着脱時に子どもが動くことなどにより転落する事故事例が多い。次いで、だっこで前かがみなど無理な姿勢をしたときに、子どもが転落する事例も多い。

71

保育者がおこなえる
医療行為を知っておこう!

保健衛生において、子どもの疾病や障害への専門的対応を求められる場面が
増えてきました。特に保育者がどこまで医療行為をおこなえるのかの線引きで
混乱も見られます。園での医療行為や、今後さらに求められてくるであろう、
医療的ケア児の受け入れについても考えていきましょう。

次のうち医療行為は何番で 保育者がおこなえるのは何番?

① 心肺蘇生
② AED の使用
③ つめを切る
④ エピペン注射
⑤ てんかん発作用の 座薬使用
⑥ 市販の浣腸実施
⑦ たんの吸引

答えと解説

②・④・⑤・⑦が医療行為。そして、すべて
保育者が実施できます(⑦要研修)。③・
⑥は厚労省が医療行為ではないと通達を
出しました。「③つめ切り」は保護者に協力
を促しながら衛生管理の視点から必要に
応じて保育園で切ることも検討しましょう。
「④エピペン注射」は、日常的に継続して
おこなう状況にはないものの、子どもの命
の危機において実施が急務なことから、特
例として保育所職員にもアレルギー対応
ガイドラインを通じて使用が認められました。
保健衛生の質を高めてすべての子どもが
安心して過ごせる環境をつくりましょう。

増加する医療的ケア児への対応を考える

近年、日常生活において「たんの吸引」などの医療的ケアを必
要とする子ども(医療的ケア児)が増えてきています。それを受け、
平成28年5月には児童福祉法が改正され、医療的ケア児への
対応が市区町村の責務となりました。子どもたちが同じ環境で生
活できるようにすることを目標に、医療的ケア児の保育園や認定
こども園への入園が求められています。子どもの最善の利益を
保障するためにも、保育園看護師を中心に、職員一体となった
環境整備が必要とされています。

「喀痰吸引等研修(第3号)」を受けると、保育士等でも「たんの吸引」や「経管
栄養」などの特定の医療行為を、看護師との連携のもとで実施できるようになる。

第3章

0・1・2歳児の危険予測と職員連携

保育現場には様々な危険がありますが、それらのリスクから子どもたちを守りながら、
豊かな経験を与えることが保育者の使命です。まずは、危険予測のトレーニングを通して、
様々な保育のシチュエーションで起こりうる、危険性への感度をあげていきましょう。
職員同士の連携や引継ぎについても、ここで取りあげます。

危険予測のトレーニング

保育者の危険予測で、子どもたちの安心安全をつくる

0・1・2歳児は、身のまわりで事故が起こったときに自分で回避することができません。
そのため、保育者が事前に事故の危険性を予測し、安全対策を施すことが大切です。
園全体で安心安全な保育環境を築くための方法をお伝えします。

 ドキッ!
こんなときどうする?

危険予測のトレーニング 園庭編

保育現場の事故をできるだけ起こさないためには、保育者の危険性への感度を高めることが大切です。次のイラストの中に、どのような危険がひそんでいるのか予測して、保育者同士で話し合ってみましょう。まずは園庭からです。

様々な危険の可能性を共有しよう!

危険予測のトレーニングをする際は、複数人でおこなうことが大切です。他者の気づきによって、新たな危険予測の視点を得られます。さらにお互いの危険予測に対する認識のギャップを埋めてから散歩や園外活動の下見をおこなえれば、より高いレベルでの安全対策につながります。

私は花壇を飛ぶハチが危ないと感じたわ

なるほど〜

ひそむ危険の例

・花壇のへりを歩きバランスを崩す
・プチトマトを食べようとする（誤えん）
・ボールを追いかけ、ブランコに近づく
・小さな子のそばを、年上の子が走り回る
・フェンスごしに不審者の可能性
・砂場で砂を口に入れる
・砂場でシャベルが凶器になりそう
・すべり台を逆に登ろうとする

など

危険予測のトレーニング
保育室編

身近な保育室の中にも、様々な危険がひそんでいます。下のイラストを見て、危険予測をしてみましょう。

イラスト協力：保育安全のかたち

子どもが見える位置を意識し、
保育者同士で連携しよう！

外に出ていた保育者が保育室に戻ると、大変なことに。右下の保育者は、車のおもちゃに乗っている子どもだけを見て、まわりの子ども様子が見えていません。保育室全体を把握できる位置で、子どもたちの見守りをするようにしましょう。
奥の座敷にいる保育者は、事務仕事をしていて、子どもに背中を向け、子どもに意識が向いていません。集中する仕事をするときは、ほかの2人保育者がいるときにおこなうなど、連携することが大切です。

ひそむ危険の例

- ・加湿器をさわろうとしている
- ・本をうばい合い、けんかになりそう
- ・車が机に衝突したり、後ろに倒れこむ可能性
- ・乳児がハイハイする横の棚の上にラジカセがあり、落ちてくる可能性がある
- ・乳児が車輪のあるベビーラックをいじっている（ケガの可能性）
- ・ベビーベッドで乳児が立ちあがる（乗り越える可能性があるのに保育者が見てない）
- ・窓際の棚にのぼろうとしている（ロールカーテンがのヒモが首にからまる可能性）　　　　　など

危険予測のトレーニング プール編

夏場のプールでは、毎年のように死亡事故が起こっています。保育所のプールの様子のイラストから、危険予測をしてみましょう。

イラスト協力：保育安全のかたち

危険予測の感性をみがき 広い視野をもとう!

プールの外からホースで水をまいたり、水道で水遊びをする子どもを止めにいったり、一見すると監視ができているようです。しかし実際は保育者が特定の箇所に目を奪われ、監視に空白が生まれています。プールの事故防止には「監視に専念する」「エリア全域をくまなく監視する」「不自然な子どもを見つけるようつとめる」などの実施が求められます。充分な監視体制や整理整頓を徹底し、時間的余裕をもってプール活動をおこないましょう。

ひそむ危険の例

・専属の監視役がいない
・ホースが子どもにまきつきそう
・ビート板につまずきそう
・大きいプールをよじのぼっている
・デッキで保育者がプールに背を向けて子どもの服をたたんでいる
・大きいプールのすみで、体調が悪そうに座り込んだ子がいる
・小さいプールに頭から落ちた子がいる
・子どもが一人でおもちゃで遊ぶが、誰も見ていない
（誤飲、急な体調不良を見逃す）　　　　　　など

危険予測のトレーニング 散歩編

散歩中の危険を予測してみましょう。あらかじめ、散歩コースの下見をしたり、情報を集めたりしながら、安全な経路の設定をすることも大切です。

危険を避けるだけでなく 子どもに豊かな体験を与える!

散歩の中の危険を取り除くには、下見や危険予測だけでなく、ほかの保育者や保護者などとのコミュニケーションで、情報を収集することも大切。様々な情報をもとにして、安心安全な散歩コースを考えていきましょう。
ただし、危険があれば避ければよいというものではありません。子どもたちに、どんな体験をさせたいのかを考え、その体験を得るために危険がともなうのであれば、どのように危険を回避すればよいのかを考え、豊かな体験につなげることも大切です。

ひそむ危険の例

・後ろから自転車や車が走ってくる
・車が直進、右折してくる
・曲がり角から人や自転車が飛び出す
・工事現場の近くは、重機が出入りする
・散歩中の犬に近づいてかまれる
・カートで寝ている子がたおれる
・沿道の花や植物の実などを誤飲をする
・興味のあるところ(工事現場など)に子どもが
　急に走り出す　　　　　　　　　　　　など

危険予測のトレーニング 遠足編

遠足では、ふだんとは違う環境で保育をする必要があるため、より保育者同士の連携が重要。あらかじめ危険な場所を把握しておくことが大切です。

目が届かないエリアの危険も想定した
人員体制でのぞむことが重要

遠足（園外保育）は、ふだんとは異なる環境で子どもたちが浮足立つ傾向にあり、親子遠足の自由行動など目が届かないところまで活動範囲が広がることも。池や川などの水場ではちょっとした天候の変化が大きな事故を引き起こします。事前に下見を充分にして不測の事態に対応できるよう、複数の選択肢を備えておきましょう。
また広範囲で目まぐるしく状況が変化しても、すべての保育者が等しく把握して動けるように連絡手段をしっかり確保しましょう。

ひそむ危険の例

・猿山の中に落ちそうな子どもがいる
・ふれあい動物広場のあとで手洗いをしていない（感染症の可能性）
・子どもが檻の中の動物に、手をのばそうとしている
・迷子になっている子どもがいる
・川の水の流れが速く、転倒の危険がある
・川に落ちそうになっている子どもがいる
・活動エリア外の遊園地に遊びに行こうとしている親子がいる　　　など

PDCA サイクルをまわし続ける

危険を予測して回避するためには、一つ一つの安全のための取り組みを結びつけていくことが大切です。計画→実行→評価→改善→計画……（PDCAサイクル）という絶え間なく続く流れの中で、保育を実践していくことが必要です。イラストは散歩の例を示しています。

Plan（計画）

指導計画・保健計画を通じて職員間で散歩の見通しを立てます。子どもの日ごろの姿から不測の事態を予測して、安全の確保と活動の充実をはかる手立てを打ち合わせます。

この迂回ルートなら、避難車が通れる広さもあって安全ね！

Plan実施の流れ
1. 情報および資料の収集
2. 計画の目標設定
3. 活動の内容の決定
4. 関係機関との連絡・調整

Do（実行）

Planで立てた見通しをもとに、散歩をおこないます。散歩中（保育中）に発生した子どものケガの対処を迅速におこなうとともに、想定外のヒヤリハットにも注意します。

Action（改善）

ハザードマップの情報や評価内容をもとに、指導計画・保健計画を見直し、現場での安全対策の改善点を検討していきます。

犬のいないルートに変更？

監視強化!!

P
Plan（計画）

A
Aciton（改善）

D
Do（実行）

C
Check（評価）

ワンちゃんが怒っているから、あっちに行こう

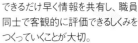

できるだけ早く情報を共有し、職員同士で客観的に評価できるしくみをつくっていくことが大切。

Check（評価）

保育日誌やハザードマップなどに散歩中の出来事を記録して、保育計画を振り返ります。ヒヤリハットの危険度と子ども一人ひとりの活動の充実度とのバランスを職員間で検証。安全性が適正であるか評価します。

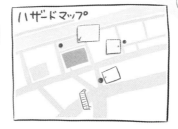

ハザードマップ

ハザードマップで情報を共有しよう！

園庭・保育室・散歩のコースなどを絵や図として描き、ハザードマップを作ります。保育中に起こった事故や危険予測をフセンなどに書いて、ハザードマップに落とし込みます。全職員がよく見る、事務室の目立つ場所などにハザードマップを貼ることで、園全体での情報共有・情報収集がしやすくなります。

ヒヤリハットで想定外の事故を予防する

ヒヤリハットの発生は、予測できなかった「事故の可能性」が見つかったことを表します。気づいた個人の責任ではなく、園全体の責任として考えることが大切です。そして、大きな事故を防ぐために、PDCAサイクルに組み込んで、保育体制の強化に活用しましょう。ヒヤリハットは記入したら終わりではありません。「検証」・「改善」・「新たな計画」などにしっかりつなげましょう。

Do ヒヤリハット発生
子どもが転んで便器に顔をぶつけそうになり、大ケガをするところだった。

Check 情報の共有
ヒヤリハットの理由を振り返るとともに、早期に内容を伝達して同じような事故を防ぐようにつとめる。

Action 検証・改善
再発の可能性や防げなかった場合の子どもの身体への影響度などを検証して、改善策に取り組む。

Plan 新たな計画
トイレだけでなく、水場全体に注意喚起を広げることで、次の危険予測につなげる。

まとめ

「予測できる傷害」を未然に防ぎ「想定外の出来事」に適切に対応

子どもの事故には、インジャリー（予測できる傷害）とアクシデント（想定外の出来事）があります。予測できる傷害については、保育者の危険予測の能力を高めて未然に防ぐことができます。想定外の出来事にも冷静に対処できるようにケースごとの対応を事前に学び、適切な対応で被害を最小限に防ぐことを心がけましょう。

想定外の出来事
（例：初発のアレルギー）

予測できる傷害
（例：おもちゃの誤飲）

危険を回避することは子どもの健やかな成長につながる

0・1・2歳児は体のコントロールが不充分なため、危険が目の前にあっても自分で回避することがむずかしい年齢です。また、突然走り出すなど予想外の行動に出ることもあります。だからこそ、保育者には危険予測の能力が求められます。保育の中でPDCAサイクルをまわし続けて、事故の危険性を事前に予測して回避しましょう。日々の保育の質を維持しながら、子どもが安心して活動的に遊べる環境をつくることが大切です。

年間の振り返りと引継ぎ

園全体に安心安全のしくみを定着させる

保育現場では、毎年同じ時期に、同じようなケガ・病気が発生していることがよくあります。
その原因を探り、保育の体制を改善し、次年度への引き継ぎや指導計画の作成に
生かしていくことが大切。子どもたちの守るしくみを、しっかり定着させましょう。

ドキッ!
こんなときどうする?

園全体で振り返ろう

まずは、クラスごとの病気やケガの件数を数値化して、発生件数などの情報を客観的に評価しましょう。

① 病気やケガを数値化する

出席簿や日誌・個人記録を振り返り、子どものケガや病気の発生件数をまとめる（月ごと・年間）。

POINT 記録を習慣化しよう!

欠席や早退の理由は、日ごろからきちんと記録しましょう。「いつ」「どこで」「だれが」「なにを（ケガ・病気の種類）」「どのように」を明確にすることが大切です。

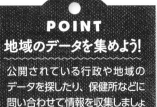

② 傾向を把握し、全体で共有する

各クラスの病気やケガの発生件数をもとに、ほかのクラス・園全体・他園・地域などと比較。その情報を職員会議で共有する。

POINT 地域のデータを集めよう!

公開されている行政や地域のデータを探したり、保健所などに問い合わせて情報を収集しましょう。得た情報は看護師と共有することが大切です。

③ 次年度の計画に生かす

まとめた事実や比較してわかった傾向から、クラスごとに指導計画や保健計画を評価。ケガや病気を減らすための改善案を盛り込みながら次年度の計画を作成する。

事故情報データベースを活用する!

全国の保育所で起こった死亡事故や重篤な事故は、「特定教育・保育施設等における事故情報データベース」として内閣府のホームページに公開されています。それらの事例を読むことは、危険予測の能力を高めることになります。自園での事故の防止や再発防止に役立てましょう。→P.20へ

クラスごとの評価
（反省など）

園全体での振り返りで明らかになった事実の中で、特に問題があると評価された内容について、クラスごとに改善案を出していきます。ここでは、具体的な事例を見ていきましょう。

事例❶
転倒事故が多発した
0歳児クラス

評価
歩行が不安定な子どもへの保育者の介助不足と、保育室に障害物が多い。

改善案
歩行が不安定な子どもへの介助を徹底し、保育室のつまずきやすい箇所を改善。

事例❷
感染症がクラスで大流行
1歳児クラス

評価 手洗いやうがいが形だけになって、しっかり援助できていなかった。

改善案
保育者がやり方を伝えながら、ていねいに手洗い・うがいを実施する。

事例❸
かみつきが数回にわたって発生
2歳児クラス

評価 保育体制に余裕がなく、子どもに落ち着きがない。傷の応急処置もすぐにはできない。

改善案 次年度に向けて、子どもの非認知力の進展を振り返る。発育に合わせてコーナー遊びの充実を図るなど、環境を整える。

保健計画と指導計画をリンクさせる

指導計画においても、保健衛生の視点を落とし込む必要があります。園で作っている保健計画の内容を参考にしながら、年間計画（年案）・月間計画（月案）に保健面の配慮を記入していきましょう。指導計画と保健計画を連動させることで、一人ひとりの成長と安全を考えた、よりよい保育につながります。→P.16

保健計画をもとに、年間計画と月間計画に、保健衛生の視点を入れていくのね

例：1歳児・4月の場合

保健目標
人的・物的な環境を整え、ケガや事故を防ぐ（肘内障・転倒・かみつきなど）。

保健計画 1歳児
周囲への興味が広がり、探索活動が広がる時期。充分に探索活動ができるよう、室内外の安全確認をおこなう。

保健計画の内容を考慮しながら年間計画の内容をまとめる。

月案・週案 1歳児
砂場や遊具、玩具の消毒と安全点検をおこない、清潔の維持と危険防止に努める。

年間計画から月間計画に落とし込む際には、より具体的な内容にする。

新年度に向けて 引き継ぎの4つのポイント!

引き継ぎをする際には、個々の子どもの発育・発達具合の記録とあわせて、保健面の振り返りを通して見えてきた改善案も伝えることが大切です。

マネジメント面

職員育成や危機管理マニュアルの見直し等について

(例) 園長や保育者が集まり、マニュアルの内容を再確認したり、見直しを提案したりしながら全体で共有する。

システム面

職員間、クラス内担当者、他職種との連携方法について

(例) アレルギー児の献立について、保育者 (担任) と調理師、さらにクラスの他の保育者が連携するしくみを引き継ぐ。

ハード面

クラスの物的な環境構成について

(例) 2歳児は小さい玩具、1歳児は保育者の見守りで大きい玩具など、誤飲防止を考慮した歳児ごとの玩具の配置を引き継ぐ。

ソフト面

クラス運営に必要な保育・保健の内容と見通しについて

(例) 感染症が蔓延しないように「手洗いの徹底」「職員のマスク着用」「室温・湿度の管理」などの対策を引き継ぐ。

まとめ

安心安全な保育のしくみを定着させるために

まずは保健面の振り返りを年度末にしっかりとおこない、発生するケガや病気の傾向を理解しましょう。そこで見つけ出した改善案は、そのまま次年度への引き継ぎに活用できます。この流れを毎年続けることで、園全体に安心安全な保育のしくみを定着させましょう。

危機管理マニュアルの見直しも検討する!

保育現場における「危機管理マニュアル」は、災害などが発生したときに保育者が適切に対応し、子どもたちの安全確保をするためのものです。そのため、一度作成したら終わりではなく、園の環境や社会の変化に合わせて内容を更新すべき。年度末の機会に、全職員で内容を振り返ってみることをおすすめします。

INDEX

参考文献
『保育保健の基礎知識』（日本小児医事出版社）
『今日から役立つ保育園の保健のしごと』（赤ちゃんとママ社）
『保育士等キャリアアップ研修テキスト 保健衛生・安全対策』（中央法規）
『選ばれる園になるための 保育事故対応マニュアル』（チャイルド社）
『新保育士養成講座 第7巻 子どもの保健 改訂3版』
（新保育士養成講座編纂委員会／編）
保育所保育指針解説（厚生労働省）
「労働安全衛生マネジメントシステムに関する指針」（厚生労働省）
『ひろば』（メイト）

保育安全のかたち
https://child-care.ne.jp/
厚生労働省
https://www.mhlw.go.jp/stf/seisakunitsuite/bunya/kodomo/kodomo_
kosodate/hoiku/
内閣府
https://www8.cao.go.jp/shoushi/shinseido/outline/index.html#shuukei
東京くらしWEB
https://www.shouhiseikatu.metro.tokyo.jp/
看護roo！
https://www.kango-roo.com/
北極しろくま堂
https://www.babywearing.jp/

著者紹介

株式会社保育安全のかたち　代表

遠藤 登

保育士・防災士。保育業従事歴27年（2002年-20011年：保育所を開所し園長職に従事）。病児保育事業、医療法人、クリニック等の立ち上げに参加したのちに現職（株式会社保育安全のかたち代表）。保育の救命救急のスペシャリストとして、保育園看護師育成や保育防災の指導、リスクマネジメントの講演活動などをおこなう。専門分野は保育現場における救命処置法、保育の事故・ヒヤリハット分析手法「チャイルドSHELLモデル」の教育およびリスクマネジメント研修など。著書に『保育救命 保育者のための安心安全ガイド』（メイト）ほか。

STAFF

編集協力
野口 武／高橋淳二（有限会社JET）
イラスト
野田節美
デザイン・装丁
本木陽子
編集
渡邉淳也

2019年12月1日　初版発行 ©

著者　遠藤 登
発行人　竹井 亮
発行・発売　株式会社メイト
〒114-0023　東京都北区滝野川7-46-1
　　　　　　　明治滝野川ビル7・8F
TEL：03-5974-1700（代）
製版・印刷　光栄印刷株式会社

保育者が知っておきたい
0・1・2歳児を守る
実践 保健
マニュアル